這世界愈複雜，你愈要簡單思考

告別內心小劇場，讓思緒變清晰的45個方法

堀田秀吾／著　劉宸瑀、高詹燦／譯

THINK SIMPLY

前言

我們人類比其他生物更優秀的能力是什麼？

答案是「思維能力」。

多虧擁有可以超越本能的「思維能力」，人類才有辦法創造出語言文字與工具技術，建立高度文明，從而使自己立於生態金字塔的頂端。

「人是一根會思考的蘆葦」，正如這句話所言，深入思考正是人類的特質。

只不過，思維能力亦有弱點。

那就是「不小心想太多」。

思考本身雖是件好事，但過度思考也可能是導致弊害產生的原因，例如：想得太多失去方向，導致無法抉擇、無法邁開步伐向前，讓自己陷入苦惱之中等等。

過多的考量令人難以展開行動，有時也會因而演化成身心疾病。

換言之，思維能力可說是一把雙刃劍。

為了能做出合理的判斷，避免錯誤的選擇，我們不得不加以思考。然而過度斟酌將使行動遲鈍，思想也會變得消極起來……。

針對這個問題，我們該如何取捨呢？

話說回來，既然這世上有**「想太多而無法行動的人」，相對地，也會有「不會想太多，能迅速採取最佳行動的人」**存在。

舉個例子，各位身邊是否有過「做事迅速」、「判斷精準」或「很快就能想出好點子」的人呢？

如果想像成一名大企業老闆的話，理解起來應該會比較容易。這世上有一種人，他們每天的行程都以一分鐘為單位計算，但在這樣被時間追著跑的狀態下，他們依舊能夠選出最正確的行進道路。

他們看起來實在不像是有深思熟慮過的樣子，不過這不代表他們單純只靠直覺與碰運氣。他們所做的舉措快速而合理，絕對不是無謀魯莽、不計後果。

究竟他們是用什麼方式思考的呢？

這幾年，這類針對思維與行動的研究正逐漸發展。從心理學、腦科學、語言學、社會學、行為經濟學等各式各樣的領域來看，過度思考的人與並非如此的人，兩者之間的差異似乎愈見明朗。

譬如以下的研究成果：

◆思考會讓不安與負面的情緒更強烈

——密西根州立大學　墨瑟（Jason S. Moser）

◆人所面對的資訊愈多、花費在處理訊息上的時間愈多，就愈不能做出合理的判斷

——拉德堡德大學　狄克思特修斯（Ap Dijksterhuis）

◆健忘的人、只概略記憶的人，其思維能力較為優異

——多倫多大學　理查茲（Blake A. Richards）

◆透過行動來解決，會比刻意讓自己不去思考來得好

——堪薩斯大學　卡夫（Tara L. Kraft）

◆就算用擲硬幣的方式決定要不要做，得到的幸福感也不會有任何不同

——芝加哥大學　李維特（Steven D. Levitt）

◆發呆時大腦的效率優於動腦思考時

——華盛頓大學　賴可（Marcus E. Raichle）

◆愈是回憶過去，大腦會愈老化

——理化學研究所　木村（Tetsuya Kimura）

◆傑出的人會模仿其他傑出人士，使自己的思考或行動更有效率

——南丹麥大學　安納利提斯（Pantelis P. Analytis）

◆縮減進入眼簾的情報資訊後，幸福感也會倍增；例如「戒掉Facebook」

——哥本哈根大學　卓姆霍特（Morten Tromholt）

……諸如此類。

總的來說，意思就是：

「不要想太多，便能提高自身的行動力與幸福感，為工作和人生帶來好的影響」。

事實上，大部分的研究都導向了相同的結論。

本書會以全球研究機構與學者的研究報告為基礎，詳細講解「不過度思考者的思維模式」。

全書一共七個章節，第1章將從各種不同的學術領域出發，解釋人為什麼會想太多的原因，以及避免過度思慮的基本方法。

第2章則以「行動的最佳化」為主題，說明縮短迷茫困惑的時間，並且快速做出適當選擇或判斷的方法。

第3章講述擺脫不安，重新恢復「冷靜」的辦法。

第4章談到可最大限度集中注意力和提高「工作效率」的習慣。

在第5章，我們會討論「積極行動」所帶來的成效和具體作為。

第6章講的是經由最新研究證實了腦、身、心的連結，以及它與我們的健康和幸福感之間的關係。

第7章則是提到一些適合進行「心靈重啟」的訣竅祕技。

所有章節都不只是解說研究成果或理論而已，還會將其落實在具體行動上，因此讀過以後馬上就能運用在生活中。

儘管人們總說現在這個時代是「沒有正確解答的時代」，但這個時代與從前那些時代的最大差異其實是「資訊量」。我們可以輕易取得大量的情報資訊，但另一方面，也會因為該考慮的事情與選擇太多，反而更難簡單地思考一切事物。

不知不覺間，我們開始貪心地「這也想要、那也想要」；但現在是時候一掃這種思維，一起好好整理出那些每天生活所必備的事物與重要的事物。

「明明沒想太多，事情卻進行得很順利」——我會盡力將能讓這種狀態造訪於身的思維方式傳授給各位。那麼，我們就趕快開始吧！

THINK SIMPLY

CONTENTS

THINK SIMPLY CONTENTS

CHAPTER 2

行動最佳化

THINK SIMPLY CONTENTS

CHAPTER 4 讓專注力保持最佳狀態

THINK SIMPLY CONTENTS

CHAPTER 5

為什麼就算只有態度積極也好？

CHAPTER 7 清空大腦，重新出發！

THINK SIMPLY CONTENTS

1

THINK SIMPLY

CHAPTER 1

會過度思考的原因・不過度思考的辦法

THINK SIMPLY

01

人類行為原理

這世界本來就是由不安組成的

「演化心理學」上的分析

「智人（現代人）」在地球誕生後歷經了二十萬年。技術、科技大幅進化，甚至只要有網路，無論在哪裡都可以工作，更不乏足以打發時間的事情……如今已然成為這樣的時代。

不過儘管世界劇烈進步，也有些事物毫無改變。

那就是我們的行為原理。而行為原理簡單來說，就是「促使生物展開行動的原因」。

有一種結合生物學與心理學，名為「演化心理學」的學科，其對人類行為原理的解釋如下：

人類都是因「不安」而動。

為了保護自己的性命，為了守護家人的生命，我們一直在運用「不安」的機制求生存。因為不安，所以會對新事物有所警戒，同時期許自己立於更有優勢的地位。我們會探尋能讓自己舒適放心的方法，以求排除內心的不安。

也就是說，我們可以這麼認為：不管是對某些事物的恐懼、還是想做些什麼的欲望，一切全都是由不安而生。

這種心理機制從舊石器時代開始就完全沒有改變。不論是古代那些努力削尖箭鏃的人也好，還是那些擠沙丁魚電車前往公司的人也罷，其內心的運作方式與功能都是一樣的。

只是，最大的差異在於人們所身處的環境。

幾十萬年前沒有現代人習以為常的日常用品，也沒有電器產品或鋼筋混凝土建成的堅固住宅，那是個會因為一些小事就喪命的環境。舉例來說，過去有很多人因為一點小傷而死於破傷風，但在現代，那些傷口只需消毒完再貼上ＯＫ繃就沒事了。

一不小心就會死。因此在日常生活中，哪怕是一些些的細微變化或不協調感都得留神關注，畢竟那是能否預見危險的必要手段。即使是微不足道的小事也要感到憂慮，這才是當時的最佳選擇。

然而現在又是怎樣呢？

我們不必為了確保糧食而去狩獵，也有遮風避雨的家和暖氣設備。想要的東西在便利商店或超市就能買到，不然只需在網路上下單，隔天就能送到。

那麼，在這個失去性命的風險愈來愈少的時代，我們究竟在擔憂什麼呢？也許是因工作不順利而悶悶不樂，亦或在人際關係上出問題而情緒低落，也可能是想到未來的金錢問題而灰心喪氣，或是聽到一些關於未來令人擔心的新聞而煩躁不安……諸如此類等等。

現代的資訊量多到被形容成「在一天內就得到中世紀的人一生所獲取的資訊」，而在這樣的時代，「前途未知的未來」、「他人的言行舉止」及「負面訊息」等都會煽動我們不安的情緒。此外，人類甚至還具有一種名為「消極偏見（Negativity Bias）」的特性，會不由自主地優先關注負面資訊。

因此導致大腦無法處理所有的資訊，令我們愈想愈焦慮。

話說回來，生物的進化本就要花費幾萬年的時間慢慢進行，沒有許個願說「希望我可以長翅膀！」就能馬上長出翅膀的道理。

文明的飛速發展是最近這幾千年的事，從人類二十萬年的歷史來看也不過是短短幾分鐘前發生的事情罷了。人類的進化不可能趕得上這種變化的步伐，不論是大腦還是身體都還未能適應這種情況。想要讓自己「不再感到那麼不安」，大概會是一件很困難的事情。

因此，請務必試著改變自己的想法。

請試著思考**「讓自己與不安的情緒好好共處」，而不是一心只想「讓自己不再那麼不安」**。

造就這個社會高度發展的，也是我們身上這種憂慮和愛操心的天性。

舉例來說，那些活躍在世界舞台並取得巨大成果的人，都不是「不會感到不安」的人，這一點日本戰國時代的武將亦然，現代能幹的商務人士亦然。

我想，**這些人是「將自身不安的能量轉向積極的方向，然後去執行一些其他人不會做的事」的人**。

以大腦的構造來考量，這世上不可能有不會感到不安的人。

是的。無論是誰，本質上都一樣膽小怕事。但是，我們可以讓自己擁有妥善應對的方法，使自己不被不安與害怕吞噬。

本書將告訴各位如何好好與這種「不安」的心理機制和平共處，同時介紹一些能在日常生活中靈活運用的方法。

這些方法是基於世界各地目前正在進行的科學實驗內容，並以日本國內外大學和研究機構等提供的各種文獻為本構思而成。

雖然思考是一項非常了不起的技能，但過度思考只會徒增不安，浪費時間與精力。為了防止這樣的情況發生，讓我們一起來看看這些立足在科學根據之上，讓人「避免想太多的思維方法」吧。

How to UNTHINK

並非期待自己不憂慮，而是要巧妙善用憂慮。

95%未來
發生的事都能應對
沒做而後悔

THINK
SIMPLY
02
煩惱的源頭

你所擔心的事
有九成不會發生

雪梨大學的研究調查
煩惱就是

賓州大學　博柯維奇等人

前面跟各位提過，這世界是由不安所組成的。從這層意義上來講，「適度的不安」對人類而言十分重要。它讓我們將注意力放在世間萬物上，促使我們得以「躲避危險」或「預判先機」，然後再繼續衍生出社會機制，文明、文化因而蓬勃發展。

但是這種不安全感若超過一定的程度，人們就無法專心在眼前必須要做的事上，有時還會因超出自身可承受的範疇而生病。

究竟我們該如何劃清界線，取得折衷的平衡點呢？

雪梨大學的薩柏（Marianna Szabo）與新南威爾斯大學的拉維邦德（Peter F. Lovibond）曾做過與煩惱有關的研究調查。

「人到底在煩惱什麼？」

從這項調查中，可得知大約有近半數（四八％）人的煩惱與「解決問題的過程」有關。換言之，結論是**有一半的人都在苦惱「這個問題該怎麼解決才好」**。

另外，這份調查也明確表現出「愈是認為結果無法改變的人，就愈會對各種解決方案持否定態度」的傾向。當人堅信「無論做什麼都注定失敗」時，他就更無法邁向解決問題的道路。

而且具有這種傾向的人還有一個特徵，那就是「除非發生別的事，不然會繼續煩惱下去」。要是沒有什麼會讓這種人嚇一跳的突發事件，他們就會陷入憂慮之中，無法自拔。

不過，換個方式來說，我們也可以這麼認為：**人總是在擔心一些只要發生某事轉移注意力，就會拋諸腦後的問題**。

沒錯。在大部分的狀況下，一般人都不是針對當下發生的問題感到煩憂。

「萬一事情演變成這樣，我該怎麼做？……但如果是發生這種情況呢？要是我做不好怎麼辦？」人會像這樣一直持續思索著尚未發生的未來。

關於這一點，賓州大學的博柯維奇（Thomas D. Borkovec）等人發表了這樣的研究報告：

「一般人所擔心的事情有七九%不會成真，其中一六%的突發事件只需事先做好準備就能妥善應對」。

意思就是，擔憂轉變成現實的機率為五%。這五%機率所發生的事是我們完全無能為力的，像是前所未有的天災等等。剩下大多則是「如果準備得當，即使成真也沒關係」的事。

在出現煩惱源頭時，請不要基於「事情會變成什麼樣子」的不安而行動，而是要以「我想達成這種結果」的心情來思考，了解自己該如何採取適當的應對方式、策略和事前準備。

愈是去探尋讓自己消極看待事物而提不起勁的原因、做不到的原因，就離解決不安愈遠。

在感到不安的時候思考，煩惱也不會消失。

在相關研究方面，康乃爾大學的心理學家季洛維奇（Thomas Gilovich）和梅德維克（Victoria H. Medvec），過去曾做過與「後悔」有關的五項調查。

他們透過面對面訪談、電訪、問卷調查等方式，以男女老少為對象實施廣泛的考察分析。結果得知，**雖然人會牢牢記住短時間內「不小心做了這件事」的後悔感，但對長期「沒做」的事，後悔的記憶卻更加深刻**。

此外他們還發現，那些因未曾採取行動所產生的悔意，會隨著時間的推移而有增加的趨勢。

雖說「做完後悔」勝過「沒做而後悔」，但如果從漫長的時間跨距來縱觀人生，便會發現這大概就是事實的樣貌。

一樣是要煩惱，選擇用積極的態度煩惱很重要。請試著以採取行動為基礎來思考，去想「該怎麼做才能解決」，而不是「假使解決不了的話該怎麼辦」。

有意識到這種態度的人，或許就是那些能切實感受到「結果自然隨之而來」，並且毫不猶豫行動的人吧。

How to UNTHINK

世間所發生的事，絕大多數都是可以處理的事。只要這麼想，我們就能積極面對煩惱。

THINK SIMPLY

03

遺忘的能力

現在
你內心的不安，
到了明年此時
多半已忘記

艾賓豪斯的遺忘曲線

1個月後忘記80%
遺忘能力的高低
取決於資訊的優先順序

20分鐘後忘記42%
遺忘的機制

雖然問這個問題很突然，但不曉得各位還記得昨天晚餐吃了什麼嗎？不然前天的晚餐呢？三天前又吃了些什麼呢？再久一點，一星期前、一個月前的菜色還記得嗎？

……愈往前追溯，這個問題的答案就愈難回答，對吧？

活躍於十九世紀的德國心理學家赫爾曼・艾賓豪斯（Hermann Ebbinghaus）曾以這種方式進行與人的記憶有關的研究，為後世留下了「遺忘曲線」這項理論。這項理論通常被稱為「艾賓豪斯遺忘曲線」，主要研究人的記憶會隨著時間產生什麼樣的變化。

艾賓豪斯讓實驗參與者背誦由「子音、母音、子音」三個字母所組成的無意義單字，並研究這些記憶經過多長的時間後才會消逝。

結果顯示，**在記住這些內容後二十分鐘左右，有將近一半的單字會被人淡忘**。此外，隨著時間的推移，剩下的記憶也會逐漸消失。

詳細數據如下：

二十分鐘後……忘記四二%的背誦內容

一個小時後……忘記五六%的背誦內容
一天後……忘記七四%的背誦內容
一週後……忘記七七%的背誦內容
一個月後……忘記七九%的背誦內容

意思就是經過一個月以上，有八〇%的記憶會被遺忘。

雖說「人類是擅長遺忘的生物」，但這可真是健忘。

不過，這種容易遺忘的特質並非什麼壞事。它甚至可以看作是一種積極的作為。

舉例來說，假如今天你的身上發生一件不開心的事。也許是被別人諷刺挖苦，或是在工作上發生失誤……這些事會令人暫時感到不快，而依照狀況不同，有時可能還會讓人一直放在心上，久久不能忘懷。

儘管如此，這些記憶在經過一個月後也幾乎都被忘記了。

因為想換工作而煩惱不已的時候、因為照顧小孩而疲於奔命的時候、因為社團或念書而感到痛苦的時候……每個人應該都經歷過一些當下感到很艱難的時期。

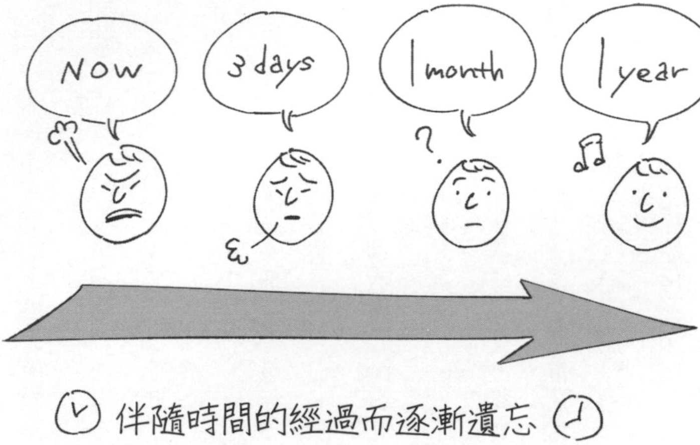

然而，即使再大的事件，只要經過一段時間後，便會讓人感覺「啊～對耶，當時發生過那種事呢」——只要沒人提起，我們就想不起來；就算想起來，也不再那麼在乎了。

它會化作一個久遠的、過去的記憶，埋藏在大腦的深處。

就算當下心情受到影響或感到煩憂，隨著時間流逝也會被我們忘得一乾二淨。

換句話說，**現在花在一點點小煩惱上的時間，將來可能完全是一種浪費**。

我們必須為重要的事情做紀錄，讓這些記憶以容易理解的形式留存下來。然而勇於忽視那些不要緊的事也很重要。

遺忘也是一種迅速處理掉過去不需要的

資訊，好讓自己接下來可以應對「眼前的新資訊」的能力。

雖然詳細的機制要到後面的章節才會講到，不過我們知道記憶這種東西本來便是如此：在「粗略」且無意識下記憶的思維能力和判斷力，勝過仔細記住一切。

下判斷和處理資訊速度愈快的人，就愈健忘。為了不去思考，培養遺忘的能力也很重要。

How to UNTHINK

遺忘能力是一種用以應對新資訊的能力。人愈健忘，思維能力就愈好。

THINK SIMPLY

04

專注與幸福

若未意識到「現在這個瞬間」，大腦就會喚來不安

哈佛大學　柯林沃斯與吉伯特

雖然有點突然，但我想再問各位一個問題。

Q：「不安」的反義詞是什麼？

沒錯，答案就是「安心」。

所謂安心，指的是一種內心豐盈飽滿的狀態，這種感覺也被稱作「幸福」或「美滿」。甚至有人認為「人是為了過得幸福而活」，正如這句話所言，人會產生欲望就是為了擺脫不安，以求得到安心與幸福的感受。

只是這個問題難就難在無法輕易將幸福的內容具體化。也就是「我們知道幸福很重要，但不知道該怎麼做才能變幸福」。

「幸福是什麼？」答案因人而異。正是因為難以為幸福下定義，我們才不明白怎樣才能獲得幸福。

那麼，科學家又是怎麼定義幸福的呢？

哈佛大學的心理學家柯林沃斯（Matthew A. Killingsworth）和吉伯特（Daniel T. Gilbert）曾做過這樣的研究報告：

「幸福的必要條件是身心的專注。」

這項研究被發表在科學期刊《科學（Science）》上，當時柯林沃斯等人透過自創的iPhone應用程式（App）進行實驗。他們以十三個國家、從十八歲到八十八歲的五千人為對象，提出「現在在做什麼」、「現在在想什麼」、「現在想的內容是目前在做的事以外的東西嗎」等五花八門的問題，並蒐集相應的回答。

結果發現，有四六．九％的人「在做事的時候，心裡想的是完全無關的事情」。

而且這份報告明確指出，比起思想與行為一致時，當人想的跟自己正在做的事不同時，更不容易感到幸福。

換句話說，這代表**當你無法集中注意力在眼前的事物時，便很難感到幸福；而當你專心一意時，則很容易感到幸福**。

的確，熱衷於某件事而忘了時間時，那段時光將帶來無可取代的充實感。之所以有這種感覺，是因為**「對某件事著迷時，就無暇去想別的事」**。

因史丹佛大學與Google等機構引進而掀起一股熱潮的「正念（Mindfulness）」系統，也是用深呼吸來集中心念，藉由不去思考多餘的事來達到重置身心狀態的目的。所謂的「拋棄煩惱」，換句話說就是「使意識專注於眼前（就不會再想不必要的事）」。

意即為了不被不安所束縛，我們應該建立一個系統，讓自己可以在日常生活中專注眼前的事物，這一點很重要。

做法很簡單，關鍵字就是「一心一意」。

從我們的大腦構造來看，用「好，來做吧！」的心情或想法是無法打開「幹勁開關」的。

有一個辦法可以啟動它——總之，直接動手去做。因為在實際展開工作時，你的幹勁開關便會自動打開，然後在工作的途中逐漸進入深層專注的狀態。

反過來說，**不動手做就不會有幹勁，也無法潛心做事，這就是現代腦科學所研究出的幹勁運作機制**。

而為了專心致志，就要縮減心生抗拒的時間，迅速切換到工作模式上。加快這個循環的執行可以防止過度思考，同時也會得到更多的幸福感。

舉例來說，那些自己不感興趣的工作，雖然在做之前心裡會產生「討厭」、「好煩」之類的想法，但有時候會發現「開始做以後就沒再分心了！」、「試著做做看之後，感覺意外地充實開心！」像這樣的經驗，不曉得各位是否有過呢？

先開始動手做，然後迅速進入專注模式，這點很重要。

請試著盡快著手眼前的事情吧，尤其是那種「無論如何都得做的事」更要快點開始。愈是放著不做，內心愈會產生抗拒感，也就更容易出現負面思考或負面情緒。

一旦被負面的衝動所驅使，人就會採取逃避的行為。最典型的案例就是：在「考試前不得不念書」的狀況下，突然開始整理起房間或看完一整套漫畫的行為。

不過實際狀況又是如何呢？

在整理房間或看漫畫的過程中，那些焦慮與壓力依然會不斷在腦中閃現，告訴自己「唉，不趕快讀書不行……」、「沒讀書的話不知道會考成怎樣……」。**如果把優先度高的任務放在一邊，最終不管做什麼都無法專心。**

該做的事情就要立刻動手去做，然後藉由累積「做得不錯」和「意外有趣」等感覺或成功經驗，打造一套使自己能夠潛心專注的系統。唯獨此時，請你試著「不去思考」看看。

How to UNTHINK

優先順序愈高的事情愈要「先做」。這是邁向幸福與安心的最短捷徑。

THINK SIMPLY

05

大腦的力量

坐下慢慢思考的「思維能力」，遠不如放空時的「思維能力」

華盛頓大學　賴可

預設模式網路
能量分散
有意識地專注
無意識下
有機的連結

有一個詞叫做「動腦」，感覺起來，思考這個動作會用掉相當多的能量。不過近年的腦科學研究卻明確地提出：

「大腦在無所事事地放空時，消耗的能量將是忙於思考時的兩倍。」

日本精神科醫師西多昌規等人指出，當我們什麼也沒想的時候，大腦的運作會比有意識地用腦時來得活躍。

華盛頓大學的賴可（Marcus E. Raichle）等人的研究也證實了同樣的理論。他們透過實驗比較「進行某種行動時」與「發呆放空時」的大腦運作情況，得知在與記憶和價值判斷有關的區域上，大腦在放空發呆時果然更為活躍。

大腦的這種機制**被稱為「預設模式網路（Default Mode Network，DMN）」**，目前知道的是，**在什麼也沒做的安靜狀態下，大腦有好幾個區域的活動都很活躍**。

那麼，為什麼放空的時候，大腦會運轉得更有效率呢？

當我們主動去意識到某件事時，比如「想事情」之類，大腦中與這項行為有關的

區域就會變得活躍，腦部的能量也會匯集到該處。

即「能量集中於一點」的意思。

其實，大腦在這個狀態下的運作效率並不高。

另一方面，處於放空狀態就代表能量分散在全身各處。**原本只流向特定部位的能量改往多數區域傳遞，藉此形成一種有機的「連結」**。

這種連結使得之前未曾聯繫在一起的部位相互連通，於是新創意、好點子便會靈光一閃地出現在我們腦海裡。

要比喻的話，這種感覺就跟睡覺作夢時一模一樣。在夢裡，那些現實中不可能存在的人事物與場景都會互相組合發展。

藉著這種毫無脈絡的聯繫，讓大腦整體活性化，從中催化出進行有意識的思考時無法想出的「超群點子」。

另一方面，要是興致勃勃地想著「好，來做吧！」再行動，很容易令大腦過熱而卡住。

關鍵字是「無意識」。愈接近發呆放空那種什麼都不想的狀態，大腦其實就愈會像鴨子划水一樣在我們看不見的地方努力運作，發揮其優異的表現能力。

放棄尋找之際，往往會發現自己原先要找的東西，這一類的事情層出不窮。假如處在一個走投無路、不做些什麼不行的狀態下，這個時候更應該從思考的狀態中抽身而出，暫時讓大腦休息一下。

在知道這件事後，我便開始避免全神貫注地持續思考，並試著稍微抽離思緒，空出讓自己放空的時間。然後原本百思不得其解的問題就冒出解決的點子了。

因此，調整步調的緩急是很重要的。

劍橋大學的研究人員發表了一項內容：人的專注力最多只有三十分鐘。只要持續做同一件事，出錯率就會逐漸增加。畢竟要是一直做同樣的事，我們的大腦很快就會感到厭煩。

所以專注的時間與休息的時間要交互輪替，這樣才能好好和我們的潛意識共處。

How to UNTHINK

若想更善於動腦，「不思考的時間」也很重要。

2

THINK SIMPLY

CHAPTER

行動最佳化

中古車實驗
資訊過多
不安增長

THINK SIMPLY 06

合乎情理的選擇

「只要有夠多資訊就能做出好決定」並不完全正確

思緒混亂
決定取捨

拉德堡德大學　狄克思特修斯等人

常聽人說「人生是不斷的選擇」，為一切做決定真是一件難事。據說大多數的煩惱，都是在不知所措、心想「該怎麼辦才好」時產生的。

因此第2章的主題是：該如何做出好選擇。希望各位能夠了解減少猶豫不決的時間，盡速做出好決斷的方法。

首先，我們先來看看選擇事物時的基本態度。

當購物或在工作上做決定的當下，你覺得應該用什麼方式決定才是最好的呢？很多人認為應該要盡可能蒐集情報，然後從中選出自己覺得最好的那一個；**但實際上，為了做出「好選擇」而花費大量時間去蒐集堆積如山的資訊，有時反而會選出不那麼好的選項**。

這到底是怎麼回事呢？

荷蘭拉德堡德大學的心理學家狄克思特修斯（Ap Dijksterhuis）等人，曾用中古車進行兩階段的實驗。

最初他們準備了四輛中古車，當中只有一輛是性價比高到像「中大獎」的車子。他們對實驗的參與者一一介紹每輛車的規格，最後觀察這些參與者是否選得出那輛「中大獎」的中古車。參與者大致上分成以下兩個組別：

①「深思熟慮小組」

②「快速抉擇小組（設定時間限制，必須解出益智問題的答案才能做決定）」

兩組都會聽完每輛車的「油耗」、「引擎」等四種類別的規格解說才進行抉擇。

結果①的「深思熟慮小組」幾乎全部都能選出「中大獎」的那輛車，②的「快速抉擇小組」也有一半以上做出了正確的選擇。

但實驗的第一階段可以無視，重點在後面的第二階段。

第二階段的實驗也是一樣的情境：在四輛車中選出「中大獎」的那一輛，並分成①「深思熟慮小組」與②「快速抉擇小組」兩個小組來進行。

但跟前述實驗的差異在於「解說所提供的資訊量」。每輛車的說明更加詳盡，規格類別增加至十二種。像是後車廂的空間大小、車內置杯架的數量等訊息也會一併詳細告知。

結果顯示，①的「深思熟慮小組」中，能夠選出「中大獎」的車的人只剩下不到二五％。原本「中大獎」的車就是四輛中的一輛（即二五％的機率），所以這樣的結果跟瞎猜沒什麼兩樣。

不過，**②的「快速抉擇小組」有六〇％的人可以選出「中大獎」的那輛車**。

這中間究竟發生了什麼事，才會出現這樣的差距？

進行這項實驗的狄克思特修斯也在足球比賽上做了一樣的實驗。

他把參與者分成三組，讓他們預測足球比賽的勝負結果。

首先，①是「深思熟慮」小組。這一組被賦予充分的時間，可以仔細斟酌，並在這個基礎上預測勝敗。

接著，②是「純靠瞎猜」小組。他們得完全靠直覺來預測比賽的輸贏。

最後是③的「短時間判斷」小組。這組需要先完成與比賽無關的課題（益智問題等），完成後才能在剩下的時間裡預測賽事輸贏。

三組之中，**比賽勝負預測正確率最高的是③「短時間判斷」小組，據說他們的正確率是①、②組的三倍以上**。

無論是汽車還是足球，這兩個實驗都導向同樣的結果：在短時間內做出判斷的組別，答案的正確率比較高。一般認為其原因在於，**不得不在短時間內做判斷的小組因為時間不足，所以能正確地排列資訊的優先順序，並做出合乎情理的選擇**。

例如中古車就是「油耗表現好壞」，足球比賽就是「國際足總世界排名」，正因為時間不夠，才要聚焦在自己認為重要的指標上，迅速排出先後次序，才得以做出合理的選擇。

另一方面，發生在花很多時間思考的組別身上的，是由於資訊過多所引起的思緒混亂。

像「車內置杯架的數量」或「足球選手的八卦」這類細節資訊，會因時間充裕而被意識到，**讓人把小小的缺點或負面要素看成是一個大問題**。

因此才無法把所有事物簡化，從大局著眼來考量。

雖然感覺蒐集很多情報再充分研究可以做出更好的決定，但這並非絕對。畢竟在反覆檢討各種事物的過程中，有時可能會得出並非那麼適當的答案。

在本書第四十頁，我曾告訴各位「在無意識的狀態下才能發揮思維能力的真正功用」。

即使不是有意識地去思考，大腦在潛意識下也會自行決定資訊的取捨。不管在哪一項實驗中，時間較少的組別都會在抉擇前先進行益智問題之類的無關事務，不過他們在做這些事的時候，其實還是會無意識地用大腦思考。

相反地，一旦我們有意識地想要思考，就會不由得把目光放在「細節」上，有時還會產生錯覺，誤以為這些細節是什麼重大的資訊。

不是有建設性且合理的考量，而是吹毛求疵般的思慮，如此一來將使不安持續增長，最後演變成無法決策的情況。

雖說在任何事上期許萬無一失是很重要的事，但「只要有時間就能做出好選擇」和「資訊愈多愈好」不在此限。

通常工作手腕高明的人，動作都很快速。不過他們並非魯莽行事，反而不知為何總是做出了最恰當的選擇。

有人說他們是「腦筋動得快」、「判斷力好」、「憑直覺行動」等等，不過我認為，這難道不是因為他們在本質上就很擅長運用潛意識的關係嗎？

事先排出優先順序，不去在乎（也就是忘記）細節部分。這種習慣可以省去思維的浪費，同時使我們的行動更加迅速。

How to UNTHINK

一旦資訊太多、探討的時間太長，就會逐漸在意起那些小細節。

THINK SIMPLY

07

決策與滿意度

「做」與「不做」的決議，用擲硬幣決定也沒差

芝加哥大學　李維特

離婚

重點非決定方法

設定決策期限

換工作

半年後的幸福感

先前我曾提到，「有時資訊不要太多會比較好」。

但就算這麼說，愈是重要的事情就愈難以迅速下判斷。像跳槽換工作之類的人生大事就是一個代表例子。愈是無法單純以正不正確這項指標來判斷的困難事情，就愈容易讓人費時勞神。

這種時候，有一項研究很適合提供大家一些啟發。

芝加哥大學的經濟學家史帝芬・李維特（Steven D. Levitt）以前做過「無法自行在人生重要的抉擇時刻下決定的人該如何取捨」的調查。

而且他還為這項調查建立了一個網站。在這個名為「擲硬幣」的網站上，瀏覽者會寫下「目前無法做決定的事情」，然後網頁畫面上會出現硬幣讓他們投擲。

如果擲出硬幣的正面就代表「執行」，反面則是「不執行」，方法相當簡單。

李維特花了一年的時間，在這個網站上蒐集了四千人的煩惱，並追蹤調查這些網站使用者後來「是否因為擲硬幣的決定改變了人生」。

網站上最多人填寫的煩惱是「該不該辭掉現在的工作」，其次是「該離婚嗎」；令人驚訝的是，有六三％的使用者曾按照投擲硬幣的結果來行動。

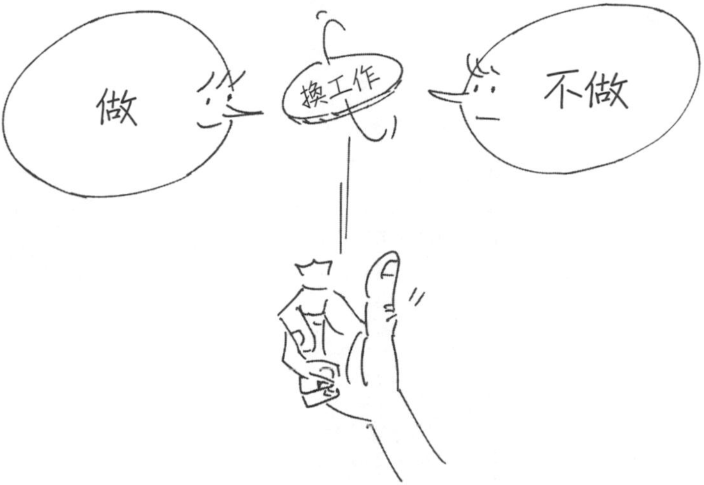

就算用擲硬幣來決定，幸福感也會提升

最後得出的結果更讓人吃驚——**不管擲硬幣的結果是正面還是反面，這些為了解決煩惱而採取某種行動的人，半年後的幸福感都很高**。

意即這項調查得出的結論是：不管是決定「辭掉工作」的人，還是決定「繼續努力」的人，無論這些人採取哪種行動模式，幸福感都會有所提升。

換句話說，面對決策這件事時，重要的是「能否在第一時間做出決定」而非「如何決定」。是決心要做？還是決心不做？這種覺悟才是最終大大左右人生滿意度的關鍵。

根據日本就業服務公司的問卷調

查結果所示，「近期想換工作」的人竟多達九三％。

當然，如果這是出於積極規劃職涯所下的決定就沒什麼問題，但一般人想換工作的理由卻是「不想做了……可是又不行」這種「三心兩意」的心態，使得他們的表現一落千丈。

在猶豫不決而抱頭苦惱的時候，比方說可以先決定「再做三個月就辭掉現在的工作」，試著為自己的決策訂定截止日期，之後再去思考要不要做，說不定這也是一個不錯的辦法。

我想如果各位願意的話，可以嘗試學學這項實驗，用擲硬幣來決定也不錯。

停滯是「過度思考」的原因之一。請各位務必為了向前邁進而試著好好做決定。

就算跌倒，最後一定能留下什麼，人就是這樣的生物。

How to UNTHINK

重要的是下決定採取行動。就算只是先設定期限也好，要先制定好「做」與「不做」的方針。

THINK SIMPLY

08

關於「比較」的研究

為什麼人會成為「慣於比較的動物」？

費斯汀格與穆斯魏勒

優越錯覺
北卡羅來納州立大學
成績優秀者的自我評價
自我評價的機制
理解效率

在對事物進行判斷時，一般人都會蒐集情報進行「比較」。以前貨比三家再做決定是一件很累人的事，但現在無論是要買東西、要去哪裡，還是選定搬家的地點，做任何事的比較都相對容易許多。

即使看過電視節目或網路推薦介紹，也依然每天都會查看「熱門排行榜特輯」；這樣一來，便會想體驗一下排行榜裡排名更高的事物，當自己的收入比別人低時也會感到不快，這些都是事實。畢竟俗話說「人是慣於比較的動物」。

那麼為什麼人這麼喜歡為世上的一切排出優劣順序，比較其中的高下呢？

美國社會心理學家利昂·費斯汀格（Leon Festinger）這麼說：

「人進行社會比較，是為了得到正確的自我評價。」

費斯汀格表示，人若想適應社會，就得充分了解自身所處的狀況與環境；因此才要進行比較，以找出自己在周圍環境中的明確定位。

也就是說，要想在這個社會中生存，就要事先明白自己是什麼人、又是一個怎樣

知道自己的定位，就更容易明白自身職責所在

的存在，這樣才比較方便。

這種為自己或他人定位的行為，在心理學上稱為「社會比較」。

德國心理學家托馬斯・穆斯魏勒（Thomas Mussweiler）等人，針對一般人為什麼經常進行這種社會比較的說明如下：

「因為用比較的方式去理解更有效率。」

舉例來說，如果想了解自己的體適能程度好不好，只要看看體育測驗的結果，或是比較賽跑的計時成績就能知道。學習能力的好壞則是看考試分數和排名就可以立刻得知。

然而，要是不進行比較就想得到結論，便

跟資訊保持距離，就不會去比較

得處理數量龐大的資訊才行。話說回來，要算出客觀指標本身就是一件非常困難的事情。

人這種生物基本上是很怕麻煩的，好聽一點的講法是「功利主義」，所以人會進行社會比較，好讓自己在下決策時可以更省力。

這樣想來，比較是人為了在這個社會中生存所習得的一項重要技能。

話雖如此，但人受到這項技能的操弄也是個值得商榷的問題。總是無法自行做決定的話，自我評價或動機也可能因此降低。

要消除過度比較的最佳辦法，就是

「減少一開始獲得的資訊量」。

假使一個人真的想停止比較，那麼最有效的方法是減少與其他人的交流，跑去一個完全無法得到資訊的環境，譬如去類似無人島的地方獨自生活之類。

……不過，這實在太過不切實際。因此就算不能完全阻隔資訊，也要盡可能限制自己獲取的資訊量。

例如，倘若打開社群軟體時會讓自己感到煩躁的話，乾脆直接刪掉App不用看看，或是減少瀏覽的頻率也是一種方式。只要不看就不會去比較了。

嘗試阻止自己在看手機時打開App的下意識行為，或是一整天都不碰手機和電腦也很不錯。

在相關研究中，北卡羅來納州立大學的賽迪基德（Constatine Sedikides）與斯特魯夫（Michael J. Strube）發表了一篇報告，**研究內容指出有七成的人對自己的評價是「平均以上」**。

這是一種名為「優越錯覺」的偏見，意思是約有兩成左右的人會過於高估自己。他們希望自己達到平均水準以上的執念就是如此強烈。

另一方面，也有研究認為「愈是優秀的人，對自己的評價就愈低」。美國心理學家達寧（David Dunning）和克魯格（Justin Kruger）在以學生為對象進行的實驗中，便發現成績在前二五％內的人會低估自己，認為自己的程度在平均「前三〇％」左右。

無論如何，比較可說是人類與生俱來的「便利技能」之一，要是不小心做了比較的話，只要輕描淡寫地想成「人性本來就是如此」即可。

最後，所謂的社會評價終究是別人所制定的規則或指標，因此只要自己所屬的組織有所變動，或是時代發生變遷，那麼其基準也會隨之更動。它並不是絕對不變的。

若將其看作只是這種程度的東西，也許各位會更容易去關注自身的標準吧。

別把任何事物都拿來比較一番再做決定，說不定有時憑直覺或感覺來下判斷也很不錯。

How to UNTHINK

人只是因為方便才去比較一切。疲憊時，就去限制資訊的取得吧。

挽回
風險
賭博式思考

THINK SIMPLY 09

行為與焦慮的關係

當你一心想要
「避免損失」，
便會在展開行動時
誤判情勢

北海道大學　村田

無法停損
衝動下的決定

有句話叫做「欲速則不達」。

就像「無心之過（因未注意而造成失誤）」字面上的意思一樣，即使是那些稍微注意一下就不會出現任何問題的事，有時也會在匆忙中失手搞砸。

那麼人會在什麼情況下慌張犯錯呢？

北海道大學的村田曾經以學生為對象進行了這樣的實驗。

他在螢幕上顯示箭頭，然後請實驗參與者按下手邊與箭頭所指方向相同的按鈕。

在進行這項任務時，參與者被分成下述三個小組：

①「不管答案正確與否，都不會得到任何回饋的小組」

②「一開始有五百日圓的酬勞，如果按錯按鈕或未在時間內按下按鈕的話，每次出錯就扣二點五日圓的『罰金制』小組」

③「最初的報酬為零，每答對一次就賺二點五日圓的的『成果計酬制』小組」

這項實驗的目的是研究「報酬」和「罰金」與失誤之間是否有所關聯。

結果**只有第②組「罰金制」小組的答題正確率遠低於第①組與第③組**。

通常要做出正確解答並不是什麼難事，但由於「未在時間內給出正確答案就會減少報酬」的精神壓力讓他們心中產生焦慮，最終導致失誤增多。

村田還做了另一個相關的實驗。

他利用一種特製的裝置，讓參與者從「十日圓」與「五十日圓」這兩個選項中選一個。然後若裝置顯示「中獎」，參與者就可以得到所選擇的金額，若未中獎的話則會損失相應的金額。

結果發現，當「損失五十日圓」的時候，參與者便有很高的機率會在下一次選擇「五十日圓」。也就是說，**在蒙受巨大損失時，人會甘願冒風險去挽回損失**。換成實際的賭博來說，即賭輸的錢愈多，愈會拚命想要把損失的錢拿回來。

在投資中有一個概念叫做「停損」，意思是在股價狂跌、看不出上漲的跡象時，接受「損失的資金已經回不來了，所以放棄吧」的事實，早早斷了回本的念頭，確實承認投資失利。

據說，這是投資新手必學的守則之一。

反過來說，愈是初學者就愈無法下定決心進行停損，最後反而因遲遲不決而愈虧愈多。

看來在「損」、「益」之中，一般人對「損失」的反應更加敏銳。

在詐騙或推銷上也是如此，「要賺錢就是現在！」、「破盤價只有今天！」這類的說法都是常用的句子。人之所以會對這些話術產生反應，**與其說是「因為有得賺才行動」，也許不如說其動機是來自於「現在不做可能會吃虧」所產生的著急**。

為了可以冷靜行事，我們應該要知道自己對於損失的反應，並有意識地克制這種衝動。愈著急時就愈不能急於判斷，請多給自己一點緩衝時間。因為擔心虧損而在衝動之下採取的行動，極有可能造成更大的損失。

How to UNTHINK

掛念眼前的虧損時最為危險。
不要急著做決定，先深呼吸冷靜一下。

規則化

依次區分再記憶

概略記憶

THINK SIMPLY 10

記憶與判斷力

比起將一切事物熟記於心，「概略記憶」更能迅速下判斷

記憶容量的限制

靈活思考

多倫多大學　理查茲

不管是公事也好、私事也罷，人生總是會被迫面臨不得不做出艱難決定的情況。

在這種時候，有可以馬上下判斷的人，也有猶豫躊躇、遲遲無法下決定的人。這兩者之間究竟有何差異呢？

有一項研究指出，其要因之一是「記憶的方式」。

根據多倫多大學的理查茲（Blake A. Richards）等人提出的報告顯示，**當人忘記枝微末節，只概略記憶的時候，其決策速度會比把所有事物詳細記住要來得快**。

畢竟大腦的容量有限。

為了判斷更重要的事物，最好將這種容量空間釋放出來；但是，瑣碎的記憶會把整個容量空間塞得滿滿的，進而妨礙我們靈活思考。

本書第四十六頁曾告訴各位「資訊量愈少愈容易做出好判斷」，其原理亦同。

大腦的機制非常厲害，就算不記得細節也能大略有個印象，知道「那時候差不多是這種感覺」，並將這份經驗抽象化。

換句話說，**大腦是透過不斷積累相似的經驗來將其模式化、規則化，讓我們可以自然而然地排出事物的優先順序**。

讀書學習或許也是如此，不要死記硬背所有的內容，而是把重要的部分和不重要的部分依次區分，以「重點」的方式記憶，可以說這也是不過度思考的其中一項要領。

How to UNTHINK

比起詳細背誦，養成「大致是如此」的記憶習慣，在思考上更有效率。

THINK SIMPLY

11

本能與思考

若重視思考，就不會採取「利他行為」

玉川大學　坂上等人

背外側前額葉

選擇不合作

利他本能

成功人士的不安

情感上的互惠

在人類中，有的人想獨占利益，也有的人願意分享利益。用更簡單的方式來說，就是根據利益得失來行動的人與無關利益也能有所行動的人，兩者之間的差別。

雖說對事物的判斷本身也會產生巨大的影響，但這種差異或許終究還是來自於基因或性格的問題……這一點，玉川大學的坂上等人已藉由實驗闡明這兩者的大腦差異。

他們主要是透過資金往來的遊戲來進行實驗。

這個遊戲會事先設定「可獲得的資金（報酬）」，然後讓參與者隨機配對。

玩家有「合作」與「不合作」兩個選擇，如果選擇「合作」，那麼自己所得到的報酬就會減少，而減少的金額會乘以兩倍交給同組的另一人（從自己的報酬中減掉一百日圓，取而代之的是對方獲得兩百日圓）。要是選擇「不合作」的話則不會減少報酬。

這個遊戲會先由第一個人來決定要不要跟對方合作，然後組隊的另一人則是在知道對方的選擇下，決定之後要不要和他合作，以這種形式進行下去。

這個遊戲有趣的地方在於，當A選定「合作」時，B可以選擇要「合作」還是「不合作」（即「背叛」）。

舉例來說，當A和B都選擇「合作」的時候，雙方都能夠多拿到一百日圓的加成獎勵。

另一方面，在A選擇「合作」的情況下，B卻決定「不合作（背叛）」時，A會損失一百日圓，只有B可以得到兩百日圓的額外加成。

換句話說，雖然選擇「合作」會暫時蒙受損失，但如果繼續跟不同的夥伴一起選擇「合作」，那麼所有人的「報酬」都會增加。只不過，**想更有效率地增加資金報酬，選擇積極背叛才是最好的方法**。

經由這個遊戲，我們可以觀察到參與者的大腦活動。

此時處於活動狀態的大腦有兩個觀測點，一個是新皮質的「背外側前額葉」，另一個是邊緣系統的「杏仁核」。

前述的大腦新皮質是負責掌管理性的新腦，擁有冷靜與合理思考的功能。也可以說是「理性思考腦」。

另一方面，包含杏仁核在內的大腦邊緣系統，則是大多生物都具備的原始結構，負責管理感情或欲望等所謂的「本能」。

這個實驗就是透過比較這兩個部位，藉此來了解究竟是什麼樣的大腦活動會產生

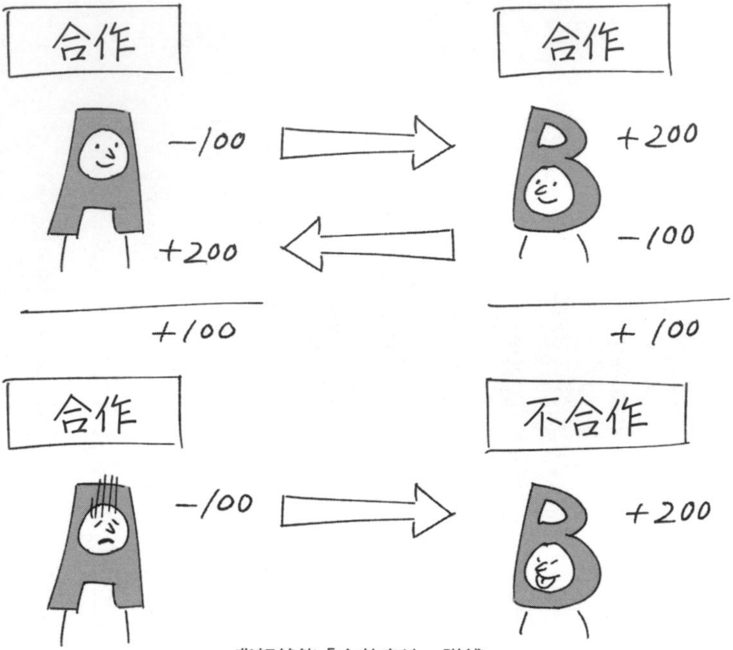

背叛就能「有效率地」賺錢

利人之心。

結果顯示，具有「以自身利益為優先（即選擇「不合作」）」這種傾向的人，其背外側前額葉（理性思考腦）發育的比杏仁核（感性本能腦）還大。在做選擇的時候，也能發現這種人的背外側前額葉十分活躍。

另一方面，「合作型的人」則正好相反，他們的杏仁核比較大，同時已知在進行抉擇時，這種人的杏仁核會更加活躍。

這也就是說，以自身利益為優先的人重視合理的思考；而那些擅於合作的人則是憑直覺做選擇。更簡單地說，

「沒在用『腦』思考的人」較具有合作性。

大腦活動區域會依照每天的生活、習慣等因素而改變，而且愈是活躍的區域就愈發達。

經常在日常生活中意識到得失的人，很有可能是他們的「理性思考腦」較為活躍的關係。

或許是因為在工作上必須如此思考的情況很多，所以有這種傾向的人，建議可以在私底下建立毫無利害關係的社交聯繫。偶爾試著參加志工活動說不定也很不錯。

要是太過看重得失，行動時就會過度思考發生損失時的風險。

舉例來說，世上那些被稱為富豪的人，他們心中的擔憂之一便是「失去財富」。即使累積萬貫家財，擁有一輩子都不用愁的大量資金，他們還是會感到不安，擔心「要是失去這些財富該怎麼辦」。

正因如此，他們才會急於賺錢，並對失去財富的那一刻感到恐懼不已。因為這種不安，讓他們難以感受到身邊的幸福……從以前就經常聽到這種老掉牙的劇情。

思考很重要，可是如果過分脫離現實，那麼人生的道路也會變得十分狹窄。

俗話說「好心有好報（待人親切，身邊的人也會以同樣親切的態度對自己）」。社會心理學中有一個概念，稱作「情感上的互惠」，也就是我們會對那些對自己好的人給予善意的回饋。

人無法一輩子獨自生活。正如夏目漱石在《草枕》的開頭所言，「理智處世則有稜有角」，過於理性的話，便會在人際關係中出現摩擦。在與人交流時，請一定要留意取得「思考與不思考間的平衡」。

How to UNTHINK

得失是一種「思考」，利他行為則是「本能」。這兩者間的平衡，將為人生帶來更多的選擇。

THINK SIMPLY

3

CHAPTER

從惴惴不安到「鎮定自若」

BBC實驗
引起迴響的資訊
負面新聞

THINK SIMPLY

12

消極偏見

為何新聞總是報一些壞消息？

化作整個世界的氛圍
演變成輿論
反覆紛爭

密西根大學安娜堡分校　索羅卡等人

感覺這世上充斥著悲觀、負面的新聞。也許你會覺得自己偶爾也能看到一些正面積極的新聞，但這顯然也是人類心理所產生的作用。

密西根大學安娜堡分校的索羅卡等人，曾在全球十七個國家進行過這樣的實驗。實驗參與者被要求用電腦觀看ＢＢＣ新聞，並測量他們當時的膚電反應和脈搏。

結果發現，**實驗參與者對負面新聞產生的反應更大**。雖然也有個體差異，但以整體傾向來看，比起那些正面積極的新聞，人的意識更容易被消極負面的新聞所吸引。

關於這項研究，俄亥俄州立大學的伊藤（Tiffany A. Ito）等人也指出，人的大腦本來就特別容易注意到負面的訊息，並有先行處理這種資訊的傾向。

這種消極看待事物的傾向被稱為「消極偏見」，意即：**愈是負面的資訊愈容易吸引我們的注意力，同時也會讓大腦更加活化**。

之所以有這種機制，是因為先處理壞消息有助於迴避危險，提高生存機率，這是所有生物的本能。

如果從這些研究成果來思考，那麼在日常生活中，無論網路還是電視都是負面新聞更多的現象，便是由於這種消息能激發一般人較多的迴響（畢竟收視率和網頁瀏覽數都會增加）的關係。

從報導或製造新聞的立場來看，熱烈的反響將帶來更多的收益，因此媒體是刻意大肆報導這些容易觸發眾人反應的資訊。

此外，看到這些新聞的我們心生意見，意見演變成「輿論」，而這些輿論又進一步化作整個世界的氛圍。

這種傾向似乎在全世界都看得到；每當發生什麼重大事件時，「不謹慎」、「自制」的氣氛總是瀰漫在我們的四周，這可能也是強烈受到消極偏見影響的緣故。雖然這是人與生俱來的一種本能，但也因為如此，在感受到強大壓力時，負面作用的影響力就會更大。

假如看新聞使你感到沮喪或出現不舒服的感覺，這時請你與媒體保持距離。試試做其他的事來取代觀看新聞，像是用努力讀書來填滿自己的時間，或是下定決心開始著手那些以前認為「改天再做就好」的事情。

只要像這樣給自己一點時間或稍微拉開距離，大腦就能再次恢復冷靜，讓自己得以重新審視一切，然後發現事情其實沒有自己以為的那麼糟糕。

在第3章中，我們將探討如何與這種不安和消極的情感相處，並介紹一些可以重新恢復冷靜的方法。

How to UNTHINK

感到心裡不舒服的時候，就暫時擺脫那些負面資訊吧。

遷怒
連鎖反應
誘發煩躁的情緒

THINK SIMPLY

13

感情系統

花在思考煩人事的時間愈長，煩躁感就會愈強烈

密西根大學　布許曼等人

8小時
攻擊性

最近，有發生什麼讓你感到煩躁不安的事嗎？

……雖然我這麼問，不過希望各位在日常生活中，盡可能不要去想那些令自己煩躁的事情。

有研究結果顯示，**只要想到那些煩人的事，就會產生煩躁的連鎖反應**。

密西根大學的布許曼（Brad J. Bushman）等人，曾針對憤怒進行了這樣的實驗。

該項研究共分三個階段進行，首先是第一階段。這個階段會大致把參與者分成兩個小組，並請他們分別執行任務。

①「可以去想那些煩人事的小組」

②「不能去想（轉而思考其他無關事項）的小組」

結果顯示，①「可以去想那些煩人事的小組」，他們對同組夥伴的攻擊性比思考其他無關事項的小組成員更強，而且還會對笨手笨腳的人說一些挖苦、批評的話。這種傾向**只有在①「可以去想那些煩人事的小組」成員身上看到**。

一旦去想那些煩人事，就會變得具有攻擊性

第二階段是以第一階段的實驗為基礎，並對更多參與者進行同樣的實驗。結果依舊相同，同時那些去想煩人事的人會因為一點小事而「遷怒」他人。

接著是第三階段。這次的實驗與前面兩個階段不同，是讓「可以去想那些煩人事的小組」花費八小時去思考令自己煩躁的事情。

不管哪一階段的實驗都一樣，哪怕只是微不足道的小事，可以去想那些煩人事的小組成員皆會感到不快，而且還會出現攻擊他人的傾向。

換句話說，就是「煩躁會引來煩躁」。當發生令自己不滿或不快的事時，人會變得更有攻擊性。

不安也會激發憤怒的情緒。所以當你發覺自己正為已經過去的事感到悶悶不樂時，最好開始做一些完全無關的事情，讓自己養成把注意力轉移到其他事物上的習慣，或是為自己設立一個情緒開關。

總而言之，要讓意識從煩躁不安中跳脫。這是當下第一要務。

How to UNTHINK

一旦負面情緒顯現在你的態度上，這種感情就會變得更加強烈。

腎上腺素

額葉的功能

3次深呼吸

THINK SIMPLY

14

冷靜的思考

喝點水

操作制約

內心煩亂時，藉由從一數到十來重整心情

西北大學　芬克爾等人

正如上一小節所言，憤怒可能會變成平常誤導我們判斷的因素，甚至還會成為所有問題的根源。

各種研究結果均指出，若將憤怒或煩躁的心情透過行動發洩（大聲怒喝或摔打物品等等），便會從中衍生出更加負面的情緒。因此，不生氣對自己也是一件好事。

那麼具體上該怎麼做才能讓自己不生氣呢？其實很簡單。

請在心中慢慢地從一數到「十」。這時要把注意力全部放在「一」、「二」、「三」……等計數數字上。

這是由西北大學的芬克爾（Eli J. Finkel）等人所發表的方法，他們認為這麼做可以有效抑制怒氣。

如今，腦科學在解析憤怒的機制上已取得相當大的進展。

當發生讓我們感到憤怒的事情時，大腦內會分泌腎上腺素或正腎上腺素這類神經傳導物質。我們的臉會漲紅、血壓升高、心跳變快，都是因為前述的神經傳導物質所造成的現象。

但另一方面，大腦也具備抑制這些怒氣的能力。這種能力主要由額葉負責掌控，當額葉運作時，我們便能透過冷靜的思考壓抑情緒。

然而，額葉並不會立即產生作用。據說，從情緒湧現到額葉開始運作大概需要四到六秒的時間。

反過來說，**只要熬過最初的四到六秒，就有可能不被情緒影響，冷靜地看待事物**。這種調適方式不僅可用於應對憤怒，也能用來對抗恐懼或嫉妒等負面情緒。

在感到心情沉重時也一樣，不要把注意力放在這種情緒上，而是先深呼一口氣，然後緩緩地從一數到十。

歐美等地的小學教育就有一種轉移學生注意力的方法，老師會對正在情緒上的學生說「Take a few deep breaths.（先深呼吸一下！）」，並讓學生做三次深呼吸，目的是使學生的意識轉移到呼吸上，讓其得以度過這段時間。

至於要做什麼事情來轉移注意力，我覺得不論是「從一數到十」、「做三次深呼吸」，還是「喝點水」都很適合，不過我建議各位事先決定好當下要做什麼，然後每次都採取同樣的行動。

這就叫做「操作制約（Operant Conditioning）」，其特性是在相同的條件下重

複進行相同的行為，藉此讓大腦運作形成固定模式。

換句話說，就是建立一套系統，讓大腦認為「情緒不穩定時從一數到十」等於「能夠冷靜下來」，藉以更有效地控制自身情緒。這與運動選手進行賽前的例行性動作是相同的原理。

How to UNTHINK

面對負面情緒時，就靜待時間過去，並以自己常用的方式來應對。

THINK SIMPLY

15

理性考量

被他人遷怒時，不妨試著「重新審視」眼前的事實

史丹佛大學　布雷歇特等人

不被情緒牽著走

表情實驗

後腦的活化

找出理由

樂觀地看待

雖然前面講過處理負面情緒的方法，不過依照時間和狀況不同，有時可能會有些困難。

比如像是家人等親近的人心情不好，亦或在工作上被主管或客戶不由分說地遷怒時，我們該怎麼辦呢？默默地接受……這應該不太可能做得到的吧。

那麼，當別人將激烈的情緒發洩在我們身上時，該怎麼做才好呢？史丹佛大學的布雷歇特（Jens Blechert）等人曾經做過這樣的實驗。

他們將實驗參與者分成三組，並讓他們觀看不同對象的表情。

①「觀看一般人表情的小組」
②「觀看發怒者表情的小組」
③「觀看發怒者的表情，並思考其中原因的小組」

然後比較這三組參與者的大腦活動情形。

結果，負面反應最強的是②「觀看發怒者表情的小組」。因為憤怒的表情會使人產生負面的情緒。

另一方面，在①「觀看一般人表情的小組」中並未發現負面的反應。而令人驚訝的是第③組。**在③「觀看發怒者的表情，並思考其中原因的小組」中看不到負面影響，組員的反應與①「觀看一般人表情的小組」差不多。**

到底發生了什麼事？

在這項實驗中，第③組被要求思考對方生氣的原因，像是「這個人應該是因為工作的關係被主管罵了吧……」之類。也就是說，**他們進行了重新審視箇中緣由的訓練，了解到「這個人並不是對我發怒，而是有其他理由」**。

如果試著察看出現負面反應時的大腦活動，可以發現頭部後方（後腦）的活動十分活躍。在②「觀看發怒者表情的小組」中，所有參與者的後腦活動均相當活躍。

然而，在觀察第③組重新審視箇中緣由時的大腦反應，可以發現他們的後腦處於平靜狀態，反而是頭部前方的「額葉」變得十分活躍。

這個是一大重點。

額葉是人類在進化過程中發育出來的「新腦」。換句話說，這個部位是可以進行

「理性思考」的地方。雖說接受自己的憤怒後情緒（後腦）會受到刺激，但**只要透過理性思考，了解「此事另有真正的原因」，大腦內負責抑制憤怒情緒的部位便會發生作用，消除負面的反應**。因為用新腦進行思考，就不會再利用舊腦了。

俗話說「任何事都取決於我們怎麼看待它」，這句話未必有錯。

人會感到憤怒一定有其原因，這是當事情無法按照自己的想法進行，內心感到不安或害怕時所產生的情緒反應。大部分的情況，問題都出在當事者身上。

因此，當我們無端遭到他人遷怒時，請務必試著實踐「重新審視」這個方法。

「是因為他老婆離家出走的關係吧……」

「他昨天大概在小酒館被敲竹槓了啦……」

「他應該是因為股票大跌而虧慘了……」

諸如此類，這些原因是否是事實並不重要。總之先為對方找藉口就是了（硬要說的話，幽默感或許可以讓你更樂觀地去思考箇中原因）。

藉由上述方法訓練大腦的額葉，就不會輕易被別人的負面情緒牽著走。

How to UNTHINK

透過找藉口的訓練讓大腦的額葉運作得更有效率，學會讓自己冷靜下來的技巧。

THINK SIMPLY

16

邊緣系統與大腦新皮質

把自身的心情動筆書寫下來，可稍微減輕不安感

南衛理公會大學　佩內貝克等人

精神壓力測試

運用思考來分析

語言表達精準度

理性控制

洞察句型

據說願望和煩惱「只要寫出來就好」。聽到這種說法，或許有些人會認為這是沒有根據的精神論也不一定；不過其實有研究成果證實，透過認知行為療法中也常用到的某個方法，對於化解不安特別有效。

芝加哥大學的拉米雷茲（Gerardo Ramirez）和貝洛克（Sian L. Beilock）在二〇一一年於《科學（Science）》期刊發表了下述研究。

這是一個以大學生為對象進行測試的實驗，一開始參與者會先接受「初試」，完成後再參加「正式考試」。在正式考試中，將會採取一些讓學生感到不安或精神壓力的措施。

除了試卷內容困難之外，還追加了幾個規則，例如依照分數發給獎金的制度，還有在考試期間會使用攝影機錄下學生受試的模樣，之後再讓學生與老師共同觀賞錄下的影片。

在這個狀態下應考的參與者被分成三組，同時讓這三組人在考試前的十分鐘分別做不同的事。

①「什麼也不做，靜靜坐著消磨時間的小組」
②「提筆寫下自己對考試的感覺和想法的小組」
③「提筆寫下和現在心情完全無關內容的小組」

然後，這項實驗會把各組的答題正確率與初試的成績互相比對。

至於結果如何呢？①「什麼也不做，靜靜坐著消磨時間的小組」與③「提筆寫下和現在心情完全無關內容的小組」，這兩組的答題正確率比初試低了七%，而相對地，

②「提筆寫下自己對考試的感覺和想法的小組」則是提高了四%。

參加高中的會考、大學的指考或資格檢定之類的考試，有時僅是一、兩題之差便會影響合格與否，所以這種答題正確率的差異或許可說是落差相當大的結果。

那麼，為什麼寫下感受或想法可以得到好成績呢？

如同前面所述，大腦的邊緣系統會湧現負面的情緒，而抑制這種情緒的則是「理性思考腦」——大腦新皮質。如何運用大腦新皮質來控制情緒便是一大關鍵。

就這一點而言，寫出自己的不安和心情是一項「運用思考來分析」的任務。進行

分析時，大腦新皮質（尤其是其中的額葉）會有效運作。換句話說，提筆寫下心中不安的小組，便是透過解析自身思維的方式提升額葉活動，讓自己可以重新恢復冷靜。

其他相關研究則有德州南衛理公會大學的佩內貝克（James W. Pennebaker）等人進行的實驗：情緒會隨著寫下的內容而產生變化。

他們將實驗參與者分成兩組，而這兩組人被賦予的工作就是每天都要寫點東西。

①「每天寫下自己負面情緒的小組」

②「不寫心情，改寫房間樣貌等事實狀況的小組」

結果實驗參與者連續四天「每天花十五分鐘寫下自己的負面情緒」後，雖然他們的負面情緒看似暫時加深了，但長期來看，可以發現他們都變得很積極。

接著在實驗進行四個月後，比較「描寫自身心情的小組」與「描寫房間樣貌的小組」，可以發現前者的情緒或心情都有改善，感覺身體不適的天數或去ＳＰＡ健康中心的次數也有所減少。

書寫時的重點在於使用「洞察句型」來描述。

所謂「洞察句型」，指的是「我想、我感覺、我知道」等與思考或理解有關的詞彙，而愈常運用這類語句的人，就愈能減輕自己內心的負面感受。

把考試前的不安寫下來也是同樣的道理，總之在寫的時候要更深入地挖掘自己的想法和感情，這點很重要。

透過持之以恆寫日記的要領，讓這個動作逐漸化為自身習慣，之後也能提高語言表達精準度，這將有助於提升情緒管理能力。

如果在晚上睡覺前做這件事，可能有些人反而會在意得不得了，因此我建議可以在白天或洗澡前嘗試看看。

How to UNTHINK

客觀分析自身情緒，可以讓心情冷靜下來。

（此時要用「我想……」、「我感覺……」這種描述感受的洞察句型）

THINK SIMPLY

17

遏阻欲望

對付衝動來襲
頗有成效的三十秒
「敲擊動作」

紐約市聖路加醫院　威爾等人

一旦累積壓力，人就會產生各種衝動。

像是「想吃甜食想得不得了！」或「想吃點垃圾食物！」之類，各位是否有過這種經驗呢？紐約市聖路加醫院的威爾（Richard Weil）等人宣稱，有一種方法可以輕鬆抑制這種生理衝動。

簡單地說，這個方法就是「敲擊動作」。

這裡所說的「敲擊」，是指用全部的手指做出輕敲的動作；有研究報告表示，只要用這種方式對著額頭輕敲三十秒，就能減少一半想要「暴飲暴食」的衝動。

敲擊的位置也可以選擇耳朵之類的地方，而「敲打牆壁」甚至能有效遏止三分之二左右的衝動。這種方式還是藉由轉移注意力來度過產生衝動的這段時間，藉此讓理智得以開始運作。

英國普利茅斯大學的斯科卡－布朗（Jessica Skorka-Brown）等人也發表過同樣的研究。

在這個實驗中，參與者被要求在一週內，每天用手機玩三分鐘以上的「俄羅斯方塊」遊戲。據說最後這些參與者對食物、酒精、香菸、性慾、藥物或出門玩樂的衝動和

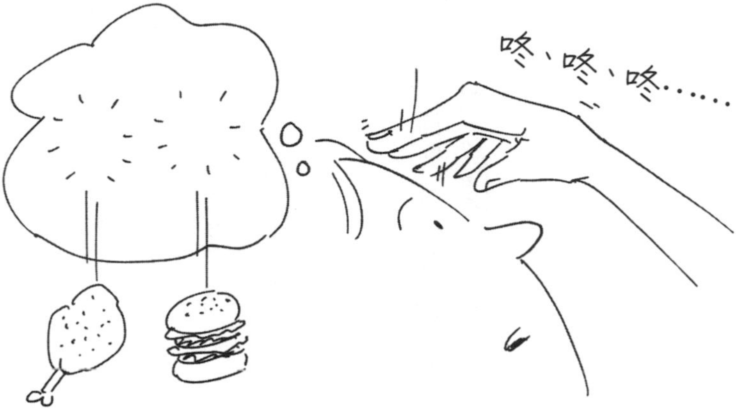

用敲擊動作抑制衝動

欲望降低了五分之一。

雖然參與者在這一週內平均玩了四十次以上，但持續下去似乎仍頗有良效。

斯科卡－布朗等人分析，以益智遊戲來說，俄羅斯方塊的難易度剛剛好，而且在思考和視覺上都有助於集中注意力。

暴飲暴食、依賴菸酒點心等嗜好品和貪圖玩樂等衝動行為，大多都是一些根深蒂固的癖好（也就是壞習慣）。

當你發覺自己不能再這樣下去的時候，請試試這裡介紹的敲擊法，或是用手機下載俄羅斯方塊來玩玩看吧。

說到這裡，其實我也有一個壞習慣，就是在閒閒沒事做的時候會忍不住開始吃零食

（笑）。我自己試過敲擊法和玩俄羅斯方塊，不管哪一個方法都滿有效的。

給自己一點時間，讓「無意識的行動」變成「意識到之後再行動」，接著就能理智地去思考「這樣真的好嗎？」、「這東西的熱量有多少？」等問題。這樣也能客觀地重新審視自己的壞習慣。

我覺得這些方法都有助於減緩情緒的起伏，所以在陷入沮喪或煩躁等負面情緒時，也請各位務必嘗試嘗試。

How to UNTHINK

為衝動和欲望按下暫停鍵！把壞習慣變成「良好行為」。

按讚數
登入帳號的頻率
正向積極

THINK SIMPLY

18

我們與資訊的距離

戒掉Facebook 就能變幸福

哥本哈根大學　卓姆霍特

潛水瀏覽者的壓力
1週後的生活滿意度

各位平常會使用社群網站嗎？雖然在社群網站上人人都能自由發言，但另一方面也衍生出「社交媒體疲勞」這樣的詞彙。

在這之中，有人做了一項相當有趣的實驗。這是二〇一五年，丹麥哥本哈根大學的卓姆霍特（Morten Tromholt）以「Facebook」為主題進行的一項實驗。

他以擁有Facebook帳號的一千零九十五位參與者為實驗對象，將他們分為兩組：

①「持續使用Facebook的小組」
②「不再使用Facebook的小組」

然後調查這兩組在一週後的生活滿意度。

在實驗進行之際，他曾針對參與者平常的Facebook使用方法（是自己發文比較多、還是潛水瀏覽多，或是登入帳號的頻率等等）、生活滿意度、情緒狀態之類的問題做過問卷調查。

至於一週後結果如何？據說②「不再使用Facebook的小組」對生活和人生的滿意

度均有增無減，而且態度也變得更加正向積極了。

這種傾向似乎特別容易在「以潛水瀏覽為主」的Facebook使用者身上發現。其中重度使用者（登入頻率高或瀏覽時數長的人），還有愈是羨慕別人的發文動態的人，這種傾向會更加明顯。

如同我在其他章節裡說過的，人是會進行「社會比較」的生物。換句話說，人會透過觀察周遭事物來確定自己所處的位置。

這種能力愈好的人，使用社群網站的頻率也就愈高，這令他們變得過度比較、心情不平靜，或是因此感到疲憊不堪。

舉例來說，那些很在意自己的發文得到多少按「讚」數的人，或是不知不覺會拿自己跟別人相比的人，或許就要小心了。

如果你覺得自己可能有這種傾向，不妨試著降低瀏覽頻率，不然乾脆像這個實驗一樣在一定期間內不再登入，或許也是一種解決辦法。

在我身邊也有完全戒掉社群網站的人，我常聽他們感嘆「戒掉以後心情變得比較輕鬆」、「現在我才知道自己在社群網站上花了這麼多時間」。

因為吸收的資訊太多，才讓我們為此感到煩惱和忍不住思考。在心亂或疲憊的時候，建議各位還是要減少自己獲得的資訊量比較好。

How to UNTHINK

感到疲累的時候，不妨試試看「限制瀏覽時間」或「暫時遠離」。

THINK SIMPLY

19

人際關係與資訊處理

絕不可「往壞處胡思亂想」

摘自麥拉賓法則

明明沒有惡意

給人的印象截然不同

標點 表情圖案 貼圖

30%

非語言訊息

在人際關係方面，就算不是直接發生口角，有時對方的態度也會讓我們想到很多東西。

這到底該怎麼辦才好呢？我想，思考方法的關鍵果然還是在於「資訊」。

人與人之間的溝通也是一種資訊的交流。不只談話內容，對方的表情、視線、聲音大小或高低、動作或手勢等等全部都是資訊，我們就是透過這些資訊在互相對話。

雖然因學說的差異，在比例上有所不同，但以最有名的「麥拉賓法則」為例，光靠語言傳遞出去的訊息據說是三〇%左右。

同樣一句「謝謝」，對方面帶微笑地看著我們的臉道謝，跟一邊做別的事一邊冷淡地道謝，這兩者給人的印象截然不同。

儘管語言亦是很重要的東西，但除了語言以外的「非語言訊息」在溝通上也非常重要。

舉例來說，我們可以回想一下電子郵件或社群網站上的文字。在以文字為主的交際往來上，前面提到的非語言訊息幾乎都被省略了。

因此如果沒注意表達方式的話，就很容易產生誤會。驚嘆號「！」和問號「？」

等標點符號、表情圖案及貼圖都是用來補充非語言訊息的工具，一旦完全沒使用這些工具，話語很容易給人一種嚴厲或冷淡的印象。

請在了解這樣的溝通前提下，試著想像自己是接受這些訊息的人。

在日常生活中，各位可能也曾因為對方不以為意的態度（如語氣等）或電子郵件的往來，而感到「怎麼好像有點冷淡」或「真沒禮貌！」也不一定。

不過，喜歡爭吵或主動挑釁的人並不多。也就是在大多數的情況下，對方通常都沒有惡意。

在他們看似冷淡、令人不悅的態度背後，其實只是因為「無暇顧及」或「忙到受不了」等等，並沒有什麼特殊的含義存在。

不過我們自己卻胡思亂想，**把資訊不足當成是對自己的攻擊，或覺得「對方好冷漠，他一定是在生氣！」於是誤會便很容易產生**。

基於這種胡思亂想去與人交流很不好。人具有一種「互惠心理」，只要心懷惡意與人接觸，或者帶著刺與他人交談，對方也會以相同的方式對待我們。

最重要的是，這種往來方式也會使我們的思想變得負面消極，並造成我們想太多的原因。

就算真的很難完全不在意，還是希望各位能盡量避免往壞處想，讓自己不要太過敏感。

當你「無論如何就是覺得悶悶不樂！」的時候，可以試試本書第九十頁介紹過的「重新審視眼前事實」的方法，它真的很有效。

How to UNTHINK

不要擅自接收語言以外的訊息。如果你對別人好，別人也會友善對你。

THINK SIMPLY

4

CHAPTER

讓專注力保持最佳狀態

能集中精神的空間

大腦疲乏

大腦無法一直

持續做同一件事

咖啡豆香氣

THINK SIMPLY 20

最佳工作空間

在周圍嘈雜的環境下，工作效率更高

伊利諾大學　梅塔等人

在想事情，或是全神貫注工作或讀書時，不曉得各位是否想過自己「需要獨處的安靜空間」呢？

一般來說，應該有很多人認為工作或讀書的環境最好安靜一點。

然而，伊利諾大學的梅塔（Ravi Mehta）等人卻發表了一份令人訝異的研究報告。梅塔他們進行了五個實驗，調查在下列哪種環境最能提高做事效率。

①「噪音等級較低（五十分貝）：約相當於安靜的辦公室」

②「噪音等級中等（七十分貝）：約相當於行駛在高速公路上的汽車內部」

③「噪音等級較高（八十五分貝）：約相當於救護車的警笛聲」

結果發現，當人處於第②種七十分貝的環境時，創造力會有所提升。另一方面，當周遭聲音達到第③種八十五分貝的程度時，則是會妨礙思考。

也就是說，**稍微有點嘈雜的環境對大腦更好**。據說這種環境有助於思考「抽象事物」，例如構思企劃內容、為報告書做總結、思考新的提案、制定策略等「概念式思考」都很適合。

大腦喜歡新的刺激。反過來說，**在一樣的環境裡進行同樣的工作會迅速令大腦感到疲乏。畢竟大腦不太擅長專注做一件事**。

基於這點，以工作環境來說，我建議選擇「不會太安靜的咖啡廳」。

理由有三個，第一是我剛才提到的，當人處於有某種程度的人聲或碗盤聲等雜音的環境，工作會更有效率，這叫做「咖啡廳效應」。

第二個理由是「香氣」。

首爾大學的研究人員表示，「咖啡豆的香氣具有促使被活性氧破壞的腦細胞回春的效果」。這裡所說的活性氧，已被公認是一種造成睡眠不足與疲勞原因的物質。

在這項實驗中，他們研究了睡眠不足的老鼠的大腦內部。在這種狀態下，實驗鼠身上可抑制壓力的細胞很少，此時再讓牠們嗅聞咖啡豆的香氣。結果發現，此舉具有讓部分細胞復原的效果。

換句話說，我們可以期待咖啡豆的香氣具有消除疲勞或抑制壓力的效果。而事實上，咖啡豆的香氣的確帶有刺激性，聞了可以讓人精神抖擻、頭腦清醒。

而我建議選擇咖啡廳的第三個理由，是期待可以透過「慣例化」來達到切換意識的效果。

到自己平常常去的咖啡廳，並在那裡工作。如果這個行為一直持續下去，便能建立一套系統，使自己想到「去咖啡廳」就會反射性覺得「大腦要從事創造性的工作」，之後只要一去咖啡廳便能集中注意力（打開幹勁開關）。

當然，這套系統在家也能應用。

準備好一個「工作區」，建立一套「只要坐在這個座位、對著這張桌子，大腦就會變得很有創造力」的系統。工作時播放音樂或廣播，或是家人的聲音、外界的聲音，這些都會刺激我們的大腦；要是再準備一杯咖啡（重點是香氣，只有咖啡豆也可以），就能營造出一個近似於咖啡廳的環境。

無論如何，不要神經質地認為「不在一個安靜的場所就不能專心」，不妨這樣想「其實多少有些嘈雜的環境更好」，試著讓自己的精神放鬆一下。我相信這麼做一定會讓各位的表現比以前更好。

在這一章中，我將會帶著大家一起看看這類與「專注」和「工作效率」有關的研究報告。

How to UNTHINK

別神經質地去想「現在要專心」，事實上，不這麼想反而能集中精神。

THINK SIMPLY

21

有意識與無意識

要維持專注力，可以做一些「與工作無關」的事

普利茅斯大學　安德雷德等人

可增強記憶力

認知負荷理論

無意識下的多工作業

一邊背誦一邊走動

如果在說話時，談話對象卻在筆記上塗鴉亂畫，各位覺得如何呢？說不定會因為自己被輕視而感到不快吧。

不過，這裡有一份令人訝異的研究成果。英國普利茅斯大學的安德雷德（Jackie Andrade）等人提出，「一邊塗鴉一邊工作可增強記憶力」。

這個實驗要求參與者聆聽錄音帶，並請他們把聽到的內容背下來。這些人被分成兩組進行實驗。

①「（像在塗鴉般）邊描畫圖形邊聽的小組」

②「什麼也不做，默默專心聆聽的小組」

結果顯示，**①「邊描畫圖形邊聽的小組」記住的內容比第②組多三〇左右％**。

大眾普遍印象認為，專注在一件事上，大腦才會運作得更加順利。

然而，**其實大腦的專注力並不持久。專注力是有限的，只要專注力用盡，大腦就會停止處理資訊**。

因此作業的時間愈長，注意力就愈散漫，開始會覺得厭煩，或是在意起其他事情（這種作用稱為大腦的「認知負荷理論（Cognitive Load Theory）」）。

從這一點來看，像塗鴉這樣動動手可以刺激我們的大腦。研究者認為這個動作反而會適當地分化大腦的能量，延長我們的專注力。

事實上，大腦很擅長在「無意識下」同時處理許多事情。如同前面提過的預設模式網路原理，當能量分散在各個地方時，大腦會比能量集中於一點時運作得更有效率。

然而，**在有意識的狀態下，大腦並不擅長多工作業，注意力還會因此大幅下降**。

舉例來說，如果不是隨手塗鴉，而是畫漫畫或複雜的插圖的話，這時高難度的計算會令大腦負荷過重，導致我們聽不見別人說話。有意識地進行多工作業，基本上是不太可能的。

實驗證明，要是我們把這一點運用在日常生活中，例如背書時不要乖乖坐在書桌前，而是邊背邊向後倒退走，或是邊背誦邊發出聲音，只要我們敢於分散注意力，背誦的效率就會變得更好。

無論如何，重要的是加入「未經思考的行為」。畢竟人就是無法長時間專注在一項事物上。

因此我們必須適當地休息，也需要空出一段放空發呆的無意識時間，讓能量不再聚焦於一處。與其埋頭苦思，不如適度思考。

How to UNTHINK

用腦時加入一點不用動腦的行為，可使大腦運作得更有效率。

THINK SIMPLY

22

提升效率

提高思考效率的祕訣就是：模仿「自己有好感的對象」

決策時間縮短
優秀的人的意見
不同領域的專業人士

好感
興趣相符

南丹麥大學　安納利提斯等人

不論是工作還是興趣，「做不好」都會給人帶來壓力，有時還會使我們變得灰心沮喪、焦躁或心急如焚。

那麼如果想讓所有事情都順利進行的話，該怎麼做呢？

這其中的祕訣就是「模仿」。自古以來，武藝、學問、藝術……所有的技藝都是向精通此事的人學習做法，從模仿（重現）對方開始。

只不過，模仿也是有技巧的。南丹麥大學的安納利提斯（Pantelis P. Analytis）等人曾對一萬四千人進行調查，研究模仿與實際表現之間的關聯。譬如在決定看哪一部電影時，若要以周遭某人的情報為基礎來判斷，下列選項造成的差異為何。

①「模仿一個與自己喜好相近的人的選擇」

②「模仿大多數人的選擇」

③「模仿喜好相似的普羅大眾的平均選擇」

④「模仿身邊喜好類似者的平均選擇」

⑤「參考一群喜好相同者的想法後再做決斷」

⑥「得到興趣相似的人所選出來的選項作為提示，從中加入自己的喜好再決定」
⑦「把反映隨機抽選者喜好的資訊當作參與者的喜好預測來給提示」

調查結果明確顯示，模仿①「一個與自己喜好相近的人」的選擇時，表現最好（不過如果在共同經驗較少的情況下，模仿大多數人的選擇也會得到不錯的結果）。

的確，我曾聽說過一些有名的音樂家在剛開始學音樂的時候，也是透過模仿他們心目中的「神」級音樂家作為入門磚。

也許這代表**模仿與我們興趣相符的人和讓我們有好感的人，最能讓我們認真且用心地投入**。

可能有些人會覺得模仿不是件好事，但其實當我們打算改變表現方式時，模仿正是讓自己獲得所需基本資訊和竅門要領的行為。

假使不明白重點或每件工作的意義，進步的速度就會變慢，這時就算再怎麼認真努力，可能也只是做一些「徒勞無益的傻事」而已。

「學習」與「模仿」這兩個詞在日語上的詞源相同，歷來日本都是在現有事物的基礎上添加獨特的元素進行改編，並透過這種方法來發展自身文化。所以我覺得「喜歡的東西就先模仿」這種模式應該很符合日本人的本性。

此外，也有研究報告指出，「模仿自己喜歡的人」不只能夠促使我們進步，還可以幫助我們迅速做出判斷。

在前面提到的安納利提斯等人的另一項研究中提到，下決策時，**「愈是優秀的人愈能快速找出跟自己喜好相近的人，並且參考那個人的意見來做決定」**。另一方面，一般人則是傾向參考普羅大眾的平均意見來做決定。

這麼說來，凡是工作能幹的人，好像都會與業界前輩或不同領域的可靠專業人士結交朋友。我想不管是有意還是無意，他們都會去尋找那些足以作為自己的老師或學習榜樣的人。在感到迷惘時，聽聽這些可靠人士的建議可以讓自己更快做出決定，協助自己逐一採取積極行動。

以大家更熟悉的方式來講，像我就追蹤了好幾個餐廳評論網上口味跟自己很合的人（評論家），特別是在選擇一些沒去過的店時，他們的意見非常有參考價值。當我實際前往他們推薦的餐廳時，多半都會產生共鳴，感嘆我們的喜好果然很類似。

當然，不僅限於飲食，在音樂及電影方面也是如此。借助第三者的意見，可以更明確且客觀地把握自身的喜好。不只能提高判斷效率，還會因為對方的推薦而更容易去嘗試新的挑戰。

陷入僵局時，請務必嘗試模仿自己喜歡或有好感的人。或許你會發現自己以前從未見過的新方法或新視角也說不定。

How to UNTHINK

藉由有效率地進行模仿，可減少對事物感到迷惘的時間。

THINK SIMPLY

23

正念的科學

一天十秒，專注在呼吸上

加州大學　齊格勒等人

冥想App
透過呼吸
提升工作記憶

壓迫內臟與自律神經
成果可視化

「冥想」和「正念」在美國掀起了一股熱潮，並以逆輸入的形式重新傳回日本。做法細節各不相同，不過內容大致上都是「專注呼吸，別想不必要的事」。

有研究表明，這種冥想也是一種很有效的「不過度思考的方法」。

加州大學的齊格勒（David A. Ziegler）等人研發出一個用於冥想的手機應用程式（App），並實際利用這個App對十八歲到三十五歲的參與者實施為期六週的實驗。

他們讓參與者觀看解說冥想方法的影片，每次花十到十五秒的時間專注進行深呼吸。然後計測這些參與者注意力持續的時間，看看是否有所延長。執行這項作業的時間很短，總計六週共二十到三十分鐘。

然而即使是這麼短期的作業，還是出現了參與者的注意力提高，腦中的工作記憶（工作記憶的容量）也提升的結果。與注意力關聯性極高的腦波也發生了積極的變化。

現代人看電腦或手機螢幕的時間變得很長，據說除非有好好注意這方面，不然很容易變成駝背或圓肩。

甚至有專家指出，如果繼續維持這種姿勢，將使身體內縮，壓迫內臟。結果引發呼吸變淺、自律神經失調等健康問題。

一天之內哪怕只有一點點的時間，也要把意識放在自己的呼吸上，這樣就能改善變淺的呼吸，也有意識改革或轉換心情的效果。

另外在這項實驗裡，參與者不只是單純地冥想，還可透過App的使用，直接看到自己練習的成果，這也是一大重點。冥想練習的累積會刺激大腦的犒賞系統，能提升參與者繼續努力下去的動機。從這層意義上來看，活用App建立一個確認自身練習狀態的習慣，應該是一個很不錯的作戰策略。

How to UNTHINK

即使是短期的習慣，只要持續看見成果，就能展現良好成效。

THINK SIMPLY

24

必須活在當下的理由

一旦沉溺於回憶，大腦就會老化

理化學研究所　木村等人

聖母大學

展開行動就會忘掉

覆蓋舊記憶

濤蛋白

減少回憶的頻率

有句話說「年紀大了愈來愈健忘」。因為人的記憶功能就是如此，這也是無可奈何的事……話雖如此，不過這或許可以靠我們每天的生活習慣來改善也不一定。

日本理化學研究所的木村（Tetsuya Kimura）等人藉由老鼠實驗證實：一旦長時間回想過去的記憶，在大腦處理那段記憶時便很容易積累一種名為「濤蛋白（Tau proteines）」的蛋白質。目前已知這種濤蛋白只要在腦中堆積，就會引發記憶障礙。

換句話說，**愈是長時間沉浸在過去的記憶裡，而且愈頻繁這麼做的話，大腦就很容易老化**。

在此之前，我們只知道濤蛋白的量會隨著年齡不斷累積，但不太清楚是什麼原因。經由這項實驗發現人的經驗會隨著年紀增長而變多，讓我們更有機會去回憶過去，所以濤蛋白的量才會不斷累積。

「那個時候真好啊……」像這樣偶爾與老友聚在一起聊天也許不錯，但總是想著以前的事情會對自己的身心產生負面影響。

我們往往會在感到強烈不安或對自己缺乏自信的時候追憶過去，藉此重拾信心，像是學生時代的社團活動，或是工作上的英勇事蹟等等。其中也有人可以把十年、二十年前的事描述得像昨天發生的事一樣鮮明。

若是為了讓自己振作起來，以「當時我很努力，所以這次應該也能跨越難關！」的心情去回憶或許是件好事，但要是以感懷當時真好的態度來回顧過去，然後因現在跟過去有所落差而遭受打擊，這就不是件好事。如此一來，也有可能使自己對新刺激或壓力的承受能力降低。

雖然不需要什麼新事物都去嘗試，但以某種程度的新刺激來維持大腦的健康狀態也十分重要。這種刺激可以是一段體驗，也可以是一段人際關係，總之我們必須偶爾讓自己的心吹進一縷新風。

如果成天想著過去的事，或是感覺自己總在模擬各種不安的情境，心想「要是變成這樣的話怎麼辦……」請你盡量減少花在思考上的時間，把省下來的時間用於實際行動或創造經驗上。

新的行動可以有效地幫助我們忘記過去的記憶。根據美國聖母大學的雷德凡斯基（Gabriel A. Radvansky）等人的研究顯示，**從一個房間移動到另一個房間會讓記憶變得容易遺忘**。

他們在實驗中使用了一些玩具積木，讓參與者把積木從這張桌子搬到另一張桌子上，這時如果離開房間到另一間房間，就會出現「很容易忘掉剛才搬了什麼樣的積木」的結果。

該研究認為，這是因為「開門」這項新刺激對大腦的短期記憶（工作記憶）造成了刺激，導致先前的記憶被新的刺激覆寫蓋掉。

意思就是在思考重要的事情時，最好不要進行任何移動；反過來說，**在採取新的行動時，舊的記憶就會被我們逐漸遺忘**。

也可以這麼說，就算當下感到有

點不愉快，但只要展開行動就會忘掉之前的不快了。

這在長期記憶上也是同樣的道理，依照劍橋大學的安德森（Michael Anderson）等人的研究來看，學習新事物會使我們忘卻舊有記憶。

最好不要活在過去，而要活在現在這個瞬間——從大腦的角度來看也是如此。

How to UNTHINK

新記憶可以覆蓋掉舊有的記憶。
因此，著手行動就變得更重要了。

人臉與房子的疊影實驗

Young Old

海馬迴的重播功能

THINK SIMPLY

25

提高記憶效率

大腦放空時，是在為我們複習既有的記憶

普朗克研究院　舒克與
普林斯頓大學　尼夫

短暫的休息

讓記憶穩固

間隔效應

我們在本書第四十頁曾說過，大腦在放空的時候會形成一套「預設模式網路」，將能量傳送到整個腦內，促使大腦活性化。

雖然這套理論目前還很新穎，許多地方仍在逐一解析，但最近的研究表明，當大腦放空的時候，掌控記憶力和判斷力的海馬迴也會出現不錯的變化。

德國普朗克研究院的舒克（Nicolas W. Schuck）和普林斯頓大學的尼夫（Yael Niv）曾經合作進行了一項實驗。

這個實驗分成兩階段，首先會讓受試者觀看「人臉」與「房子」的疊影圖片。然後請他們判斷那張圖片是「年輕／嶄新（young）」或是「不年輕／老舊（old）」。這項測驗會進行四十分鐘，前後各有五分鐘的休息時間。

這個測驗是在測試人對「young」和「old」的判斷，最終是靠人臉決定、還是依房子決定，藉以了解人腦是如何識別圖像。

在實驗中，受試者的判斷分類會形成某種程度的區塊模式：如果現在看的圖片與前一張的判斷條件（young或old）相同時，就是單憑同樣的條件（人臉或房子）來進行判斷；當目前看的圖片與前一張的判斷條件不同時，則會改用另一項條件來進行判斷。

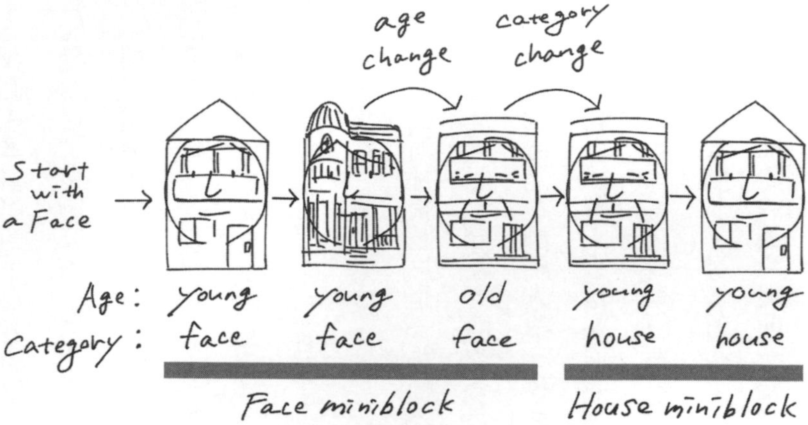

實驗模型圖

舉例來說，在最初看到人臉時即判斷為「old」的狀況下，之後也會以人臉來判斷；但如果下一張圖片被認定為「young」時，便會改看房子來決定是「young」或是「old」（用乍看之下似乎毫無關聯的東西當作提示，避免受試者習慣特定的判斷，這是在實驗上經常使用的手法）。

接著是實驗的第二階段。這次會在一到四天後進行同樣的實驗，再透過這次實驗觀察受試者的大腦內發生了什麼變化。

舒克與尼夫發現，受試者在測驗後的五分鐘休息時間裡會「自動利用海馬迴重播（replay）剛才見過的畫面」。

換句話說，**就是大腦會自動在休息時**

間內處理發生過的事情。這可以說是一種「自動複習功能」。

從這個結果來看，於學習或工作之間插入短暫的休息，可以讓記憶更加穩固，在資訊的處理上也會更有效率。

在記憶研究中也有一項名為「間隔效應」的理論，目前已知在學習某項事物時，與其連續不斷地背誦，不如等學完後過一段時間再複習會更有效率。

根據約克大學的塞佩達（Nicholas J. Cepeda）等人的研究顯示，採用這種方法的人，其測驗的答題正確率足足提高了六四%。

小憩時的重點在於盡量別去思考，讓自己的大腦完全「放空」。最好不要分心去想工作的事情或改玩遊戲。因此，悠閒地泡杯茶或咖啡是我最推薦的方法。這時請準備一個沙漏，然後在泡茶時就一直盯著沙漏裡的沙子緩緩落下，這樣一定能讓自己放空。

How to UNTHINK

在學習某樣事物時，也要安排足夠的放空時間。

THINK SIMPLY

CHAPTER 5

為什麼就算只有態度積極也好？

THINK
SIMPLY

26

幸福的條件

以七十五年的追蹤研究證實一個提升健康與幸福感的方法

哈佛成人發展研究　華倫特等人

信賴

並非擁有社會地位或金錢

幸福感與壽命

愛知醫科大學的研究

積極的朋友的存在

俗話常說「一個人的煩惱有九〇％來自於人際關係」，這裡有一項研究正與此事有關。

這是華倫特（George E. Vaillant）等人為了哈佛大學正在進行的成人發展研究所做的調查，他們對兩個群組進行了追蹤研究，這兩組分別是哈佛畢業的男性，以及在波士頓長大的貧窮男性（共約七百人）。

這項研究厲害的地方在於，持續追蹤訪問的時間長度。他們耗費了七十五年調查實驗對象的幸福程度與原因。

這段漫長研究的結論如下：

「良好的人際關係能增加我們的幸福和健康。」

研究結果顯示，與一個人的幸福程度和健康直接相關的是人際關係，而非家世、學歷、職業、居家環境、年收入或退休金的有無。

而且他們還發現朋友的數量多寡不重要，重要的是要有一位讓你打從心底信賴的人存在，哪怕只有一位也無所謂。

擁有良好人際關係的人（身邊有可信賴的人），他們能夠得到舒緩緊張、保持大腦健康、緩解身心痛苦的效果。另一方面，感到孤獨的人生病的機率很高，壽命也有較短的趨勢。

也就是不管是「有錢就會幸福」，還是「擁有社會地位高的伴侶就會幸福」，這些全部都是無稽之談。

接下來介紹的是與上述相關，由日本愛知醫科大學的松永（Matsunaga Masahiro）等人所做的實驗。

這項實驗是以十八歲到二十五歲的人為對象，請他們閱讀一段故事，然後研究他們對此產生的反應（唾液中所含的一種名為血清素的荷爾蒙量）。

實驗中所用的故事，描述的是虛構的日常生活和人際關係等內容，因此足以讓實驗參與者徹底成為主角，想像自己正在體驗這段故事。

生活故事的內容有「正面」、「普通」、「負面」共三種，人際關係也一樣分成「積極的朋友」、「消極的朋友」、「沒有朋友」三種模式，這兩者的組合會依參與者的不同而各有差異。

結果發現，能讓參與者獲得最大幸福感的是「積極的朋友」的存在。**即使搭配負面的生活故事，只要有開朗樂觀的友人在身邊，仍然會讓人感到幸福。**

另一方面，要是身邊有負面消極的朋友存在，甚至會比沒有朋友的情況更感受不到幸福。

人的共感能力非常強。不論是幸福的心情，還是不安憤怒等負面的情緒，我們都會將對方表達出的情感照單全收，並且懷抱同樣的感情。

換句話說，比起跟負面消極的人做朋友，與正向積極的人交往更容易讓人生朝正面的方向發展。

在現代社會中，一般人就算在人際關係上也很容易計較利益得失，甚至有可能因為「保持關係或許對以後有益」而與人交往。此外，也有些人會在人際往來上看重外在或面子等等。

但是，勉強來往不僅沒有意義，有時還會降低我們的幸福感。

因此要跟正向樂觀的朋友來往，別去考慮其他多餘的事。同時自己也要努力成為一個積極向上的人。請像這樣建立起讓自己感到幸福的人際關係。

以本文開頭提到的研究結果來說，人生到最後同樣沒有什麼勝負之分。不管是財產、戀愛、頭銜、社會地位，這些全都只是讓我們暫時遠離焦慮不安的東西，並無法從本質上解決問題。

在第5章中，我們將探討「正向態度」與其功效。

How to UNTHINK

人際關係的好壞會影響一個人幸福感的高低，而正向積極的態度對於建立良好的人際關係是很重要的。

THINK SIMPLY

27

正向思考的本質

刻意積極向前，
反而陷入困境

密西根州立大學　墨瑟等人

不要壓抑想法

不給予評價

藉由行動來改變想法

逆火效應

陷入自我矛盾

上一節我們提到，「良好的人際關係」是幸福的必要條件，因此積極正向的態度是不可或缺的。

那麼，什麼叫做積極正向的態度呢？

也許是受到美國傳來的自我啟發熱潮的影響，因此世人普遍認為「正向思考」很重要。

當然，從積極的角度看事情當然比用消極的態度思考來得更好，但未必就能斷言「正向思考很好」。

密西根州立大學的墨瑟（Jason S. Moser）等人曾發表過**「鼓勵消極的人積極向前，反而適得其反」**的研究結果。

這項實驗會先請參與者表明自己是屬於「正向思考」還是「負面思考」的人。

接著讓這些人觀看「男人把刀子抵在女性脖子上」等令人怵目驚心的畫面，並指示他們盡可能正向地（樂觀地）解釋這些影像。

與此同時，他們也會察看參與者腦部的血流反應。

首先，宣稱自己屬於正向思考的人，他們的血液流動沒有什麼特別明顯的變化。

另一方面，表示自己屬於負面思考的人，他們的血流發生劇烈變化，流動速度變得非常地快。血液流動快，代表這個人正在想東想西，大腦處於高速運轉的狀態，大腦運轉得愈快愈容易陷入恐慌狀態。換句話說，反應較小，血流速度愈平緩的人，精神狀況也比較穩定。

根據這個結果，他們要求血液流動變快的人「思考要再積極正向一點」。結果……**他們的血流速度不但沒有慢下來，反而變得更快了**。

這種反應稱為「逆火效應（Backfire Effect）」，意指在試圖修正資訊時，反而增強了該資訊的負面部分。

一旦強行將內心湧上的不安或負面情感轉換成正面思維，大腦就會陷入混亂中，呈現一種類似引擎過熱的狀態。

所以勉強原本就很消極的人積極起來，這將使他們陷入自我矛盾，反而會讓這些人更加意識到自己的消極。而且這也會成為加深負面思考的原因。

對於一個遭受重大打擊、鬱鬱寡歡的人說「加油」或「打起精神來」會出現反效果，就是因為這種機制在作祟。

當各位處於負面狀態時，請不要試圖改變自己的想法，而是先從認知到自己「現在很消極」開始。

此時請不要對自己的狀態給予「好」或「壞」的評價。**可以的話，請試著轉換成第三人稱的角度，以「啊，他現在很消極」的狀態描述事實，養成迅速切換立場進行思考的習慣**。墨瑟等人在其他的研究中也觀察到一件事，即在以第三人稱表達內心想法時，與感情有關的大腦區域的活動將會急遽下降。

當我們注意到負面情緒，或是去否定這種感覺，認為「這樣想很不好！」時，反而會格外強調這種情感。請不要這麼做，而是要「客觀認識目前的狀況，把注意力轉移到別處」，這才是真正邁向正向思考的第一步。

就這層意義來說，所謂的採取積極態度，並不是「藉由思考導致積極的行動」，而是**透過積極的行動，帶來積極的思考**。

這究竟是什麼意思呢？讓我們繼續來看看這套機制。

How to
UNTHINK

比起透過思想來改變行為，藉由行動來改變想法更簡單。

THINK SIMPLY

28

表情的科學

笑容 抑制壓力的成效 與轉換心情的能力

堪薩斯大學　卡夫與普雷斯曼

腦會受到影響

外在因素

冰水裡1分鐘

露出笑容的小組

犒賞系統

在感到強烈不安時，人的情緒與想法都很容易變得負面消極。

正如前一節介紹的內容一樣，就算強行將這種情感轉換成正面思維，也只會陷入自我矛盾之中，反而可能朝消極的方向發展。

「凡事都取決於自己的心態！」要像這樣改變想法來激勵自己，實在也不是容易的事。

不過，我們可以不要從內在想法來改變，而是從外在去改變內在的想法。近年的腦科學研究發現，**感情受身體運動等外在因素的影響比思想（思考方式）還大**。

換句話說，有一種方法可以透過養成「積極心態」的習慣，將思考或情緒帶往正面的方向。

舉例來說，有這樣一個實驗。堪薩斯大學的卡夫（Tara L. Kraft）與普雷斯曼（Sarah D. Pressman）曾以學生為對象，進行與表情和壓力有關的研究。

這項實驗將參與者分成三組：

①「面無表情的小組」

②「咬著筷子，嘴角上揚（呈現「咿～」的嘴型）的小組」
③「橫咬筷子，露出燦爛笑容的小組」

在這個狀態下，讓所有組別的參與者感受到壓力。要求他們進行下述任務，例如把手放進冰水裡一分鐘，或是用非慣用手跟隨鏡子裡的目標移動等等，然後測量參與者的心跳數，並請他們評估自己的壓力等級。

實驗結果如下：與①不笑的小組比起來，第②組與第③組在任務中感到的壓力較小。尤其③大笑的小組在進行任務時的心跳速度最為緩慢。

也就是說，**笑容有抑制壓力的效果，而燦爛笑容所獲得的效果更高**。只是露出笑容就能讓大腦產生「快樂」、「開心」的錯覺。

此外，根據阿爾斯特大學的布里克（Noel Brick）等人公開發表的實驗結果指出，**運動時露出笑容可以讓人忘記運動的辛苦**。意思是笑容也能影響身體感覺。

不小心想太多的時候，請試著揚起嘴角露出微笑。在做一些無聊煩人的工作時也一樣，先讓自己的嘴角上揚或許是不錯的方法。

笑容的另一個效果，則是會大大影響他人對自己的印象。

從加州理工學院的奧多爾蒂（John P. O'Doherty）等人的研究來看，他們發現人不管是看到誰的笑容，大腦的犒賞系統都會更加活化。大腦的犒賞系統負責控制「喜悅」的情緒，也就是說，微笑的表情會令對方感到喜悅。

這在建立積極的人際關係上也相當有用。

譬如看到小寶寶或小孩子的笑容時，可能很多人都有不自覺跟著一起笑的經驗。這大概是因為孩子的笑容促使大腦的犒賞系統運作的緣故。

最後要再追加介紹一份研究報告，根據日本東北公益文化大學的益子（Yukihiro Mashiko）等人的研究可知，笑容越燦爛的人，其本身的「活力」、「支配力」及「女人味」都會有所增加，而且也能提高別人對自己的「好感度」。只要笑容燦爛，就會讓這個人顯得更有魅力。

總而言之，笑容這種表情可以在各方面產生良好的影響，而想與不安好好相處的話，笑容也是不可或缺的要素之一。

現在這一刻，你的臉上是什麼表情呢？如果沒特別去意識的話，人的臉看起來幾乎都是缺乏表情的冷淡模樣。請試著養成運用臉部肌肉微笑的習慣。在擔心這個、煩惱那個之前，第一件要做的事就是「微笑」。

How to UNTHINK

感情可以從外在形態去改變。想太多的時候，先揚起嘴角笑一笑吧。

手槍
表情、姿勢
連發聲方式都相似

THINK SIMPLY

29

情感的傳達

從科學上解答「為什麼不該懷抱消極的態度？」

美國國家衛生研究院　哈黎里等人

昆蟲
人的表情

「態度要保持積極！」雖然我這麼跟各位說，但反過來想，為什麼我們不可以懷抱消極的態度呢？有項研究以科學方法調查了其中的原因。

美國國家衛生研究院的哈黎里（Ahmad R. Hariri）等人，曾讓實驗參與者看一些能煽動他們不安或恐懼的圖片，並調查他們大腦杏仁核的運作狀況。杏仁核是大腦的情緒中樞，當我們感到不安、恐懼等負面情緒時便會開始活躍運作。

他們提供實驗參與者觀看的圖片分成三種：

①「人類感到恐懼或憤怒的表情」

②「動物或昆蟲等自然界中的恐怖生物」

③「瞄準自己的手槍或意外、爆炸等人為的可怕事物」

結果實驗參與者在看到①「人類感到恐懼或憤怒的表情」時，反應最為激烈。只要看到人類的負面表情，便會本能地做出反應。

夏威夷大學的哈特菲爾德（Elaine Hatfield）等人曾做過與此相關的研究，報告指出「與持否定態度的人相處的時間愈長，便愈會產生相同的想法」。

他們發現如果和消極的人一起生活，久而久之，臉部的表情、姿勢，甚至連發聲方式或動作都會變得跟那個人很相似。

換句話說，就是**「人會受到他人的負面言行及心靈狀態影響，並下意識地去模仿對方」**。

而且人本來就有容易被負面事物吸引的特質（即「消極偏見」），因此假設一個人的面前有積極的事物與消極的事物，通常都會把注意力放在消極的事物上。

消極會喚來消極。所以表現出消極的態度不是一件好事。畢竟，一旦自己持續採取消極態度，就連身邊的人也會變得消極，可能還會讓負面影響擴大。

我們在本書第一百四十二頁曾經說過，有項研究認為積極的人際關係是獲得幸福感不可或缺的關鍵；不過重要的是避免表現出負面的態度，以及讓自己每天的言行變得更積極。因為正向積極的情緒或態度也會傳染給其他人。

要是各位周遭有消極負面的人（表情陰沉，或是經常採取批判性、攻擊性言行的人），請盡量與他保持距離，避免讓自己產生共感，也最好別去想像對方在想什麼。

如果仍然無法排解自己的負面情緒時，請參考第九十五頁「寫下不安的方法」。

How to UNTHINK

負面情緒傳染給別人的速度很快。

THINK SIMPLY 30

語言的影響

正向語言可舒緩痛苦

華盛頓大學　達頓與布朗

用對自己有利的方式思考

選擇詞彙

壓力耐受性

跳脫自虐式表現

樂觀的詞彙

前面提到「要正向樂觀，就算只有態度積極也沒關係」，接著我想介紹一下關於這項研究。

這是來自華盛頓大學的達頓（Keith A. Dutton）與布朗（Jonathon D. Brown）等人的實驗，他們要求實驗參與者專心做一項測驗。這是一種類似謎語的問題，一開始先給三個單字，要參與者推理出第四個單字是什麼。

在進行這項測驗之前，他們會先做一次問卷調查，詢問參與者覺得自己可以回答到哪裡、自己的能力跟其他參與者比起來大概落在什麼程度、覺得自己可以答出幾題等等，做完這份問卷再專心進行答題，然後測驗結束後也同樣做一次有關自我評價的問卷調查。

結果發現，對自己評價愈高的人就愈不容易感到消沉。

具體來說，對自己評價愈高的人，在正確答題時會覺得「是因為自己有能力」，而在答錯答案時則會認為「是問題出得不好」等等，大部分的人都不會覺得是自己能力不足。

另一方面，自我評價低的人在回答錯誤時往往會陷入沮喪，覺得「是因為自己沒有能力」。

也就是說，**撇開實際能力不談，那些樂觀地「認為自己做得到」的人會用對自己有利的方式思考**。

關於這一點，我也想介紹一下這項研究。

由南丹麥大學的瓦格特（Henrik B.Vaegter）等人在二〇二〇年五月發表的最新研究成果認為，正向語言會增強人對「疼痛」與「疲憊」的耐受性。

在這個實驗中，參與者被分成三組：

①「運用正向語言描述實驗內容的小組」

②「運用負面語言描述實驗內容的小組」

③「運用中立語言描述實驗內容的小組」

然後三組分別進行深蹲之類對身體負擔較大的運動。

結果顯示，①「運用正向語言描述實驗內容的小組」，其大腿肌肉的耐受性提高了二二％；另一方面，第②組「運用負面語言描述實驗內容的小組」，其大腿肌肉的耐受性則是下降了四％，而且對疼痛的感覺也更加強烈。

意思是一旦使用消極負面的語言，不僅情緒會變得比較脆弱，連帶地身體與痛覺也會受到影響。

雖然我不認為過度正向思考和積極表現是什麼好事，但最起碼別用負面詞彙會比較好。

日本文化很重視謙虛的表現，所以日本人或許會不自覺偏向使用「我自己一個人做不到」或「反正我這種人……」等自虐式的說法。

不過，還是建議大家不要使用上述這類說法，盡量將其轉換成積極的表現和正面的方向。

〈適當表現積極性的詞彙轉換表〉

・做不到 → 要是……的話，我做得到

・太難了 ↓ 很有挑戰性
・忙死了 ↓ 過得很充實
・累翻了 ↓ 我盡力了
・吵死了 ↓ 充滿活力、很有精神

How to UNTHINK

盡量選用樂觀的詞彙，別讓大腦感到不安。

心情很好
大腦的愉悅
羅馬林達大學

THINK SIMPLY

31

大笑的效果 I

大笑甚至能提升生命力

血液
免疫力

華威大學　奧斯瓦德等人

各位最近常笑嗎？

就像笑容帶來的好處一樣，全世界都有研究報告指出「大笑」會帶來各式各樣的效果。

如果要舉例的話，我想介紹一下英國華威大學的奧斯瓦德（Andrew J. Oswald）等人的研究。

這個實驗是由四個部分組成，在第一個實驗中，參與者被分成兩組：

①「觀賞喜劇影片的小組」

②「不看影片的小組」

然後這兩個小組被要求在十分鐘內算出五個兩位數數字的總和。結果①觀看影片的小組表現得更好。

接著是第二個實驗。跟第一個實驗一樣，這個實驗也會讓參與者看過喜劇影片再進行計算作業，結果發現「幸福感高的人」更能發揮好的表現。

第三個實驗則是分成「提供巧克力、水果或飲料的小組」和「什麼也不提供的小組」來進行。結果顯示有提供飲食的組別表現較佳。

第四個實驗會先讓參與者填寫一份有關「最近令人感到痛苦的事」的問卷，再進行計算作業，並將他們分為「有填問卷組」和「沒填問卷組」。結果有填寫問卷的組別表現較差。

這個實驗想表達的是**「幸福感高的人表現較好」**。他們認為在最初的實驗裡看過喜劇片的人表現較好，是因為這些人藉由觀賞喜劇得到了幸福感。

幸福感或許是一個十分抽象的概念，不過簡單來說，這就是一種「心情很好的狀態」。

讓大腦感到愉悅是很重要的。

方法或許因人而異，但我想欣賞「好笑的影片」是一個沒什麼壞處，而且任何人都能輕易實踐的方法。

有一個與剛才介紹過的實驗相同，也是運用「有趣的影片」來進行的實驗。

羅馬林達大學的伯克（Lee S. Berk）等人曾做過一項研究，他們讓實驗參與者觀看一個小時左右的有趣影片，然後抽取在那前後及十二個小時後的血液樣本，研究大笑與身體之間是否有什麼關係。

結果顯示，只要看過有趣的影片，血液中的各種成分就會呈現正向反應。也就是「免疫力得到了提升」。

有趣的是，**就算在看完影片十二個小時後，實驗參與者的免疫力仍然持續上升**。看來大笑的效果似乎是有持續性的。

仔細想想，其實「喜劇」自古就有。在日本，作為能樂雛形的「猿樂」也是由模仿所構成的喜劇。

我想不論在多殘酷的時代，或許人們都是透過大笑來緩解壓力，並順利地度過各個時期到現在。

如今我們有電視、有出租影片、也有網路，所以任何人都可以隨時登入網站觀看影片。

認真投入一件事或許很重要，但做些傻事笑一笑也是必要的。請務必忘掉一切，用大笑來釋放壓力，進而提升自己的表現。

How to UNTHINK

讓大腦感到愉悅，讓自己擁有「好心情」，
這樣自然而然就能有更好的表現。

大腦活化
年齡
年紀愈大的人

THINK SIMPLY

32

大笑的效果II

年長者可在笑聲中創造新點子

摩德納大學　塔拉米等人

運動系統
海馬迴

如前所述，自古以來，人們便是透過「喜劇」或「搞笑劇」等表現手法讓看的人大笑。接下來還會介紹一個與大笑帶來的效果有關的研究。

義大利摩德納大學的塔拉米（Francesca Talami）等人曾將人們大笑時的大腦活動記錄下來。他們利用一種叫做ｆＭＲＩ（功能性磁振造影）的機械來觀察大腦各區的活動和血液流動等情況。

我們知道人在笑的時候，掌管感情的「大腦邊緣系統」和控制記憶的「海馬迴」部分會變得比較活躍；除此之外，活動身體時使用到的「運動系統」也會有所反應。

這份研究報告最有意思的地方，在於大腦活躍區域會隨著年齡而改變。

年輕人的大腦裡，名為「犒賞系統」的部位較為活躍。犒賞系統是與喜悅和快感有關的部位。換句話說，「大笑」就等於「感到快樂」。

另一方面，如果是年長者的話，情況就不太一樣了。研究發現年長者在大笑的時候，他們的「預設模式網路」——也就是記憶和價值判斷等與靈感有關的區域會更加地活絡。

這意味著透過大笑可以讓這些人更快做出判斷，也更容易產生好點子和想法。

大笑不僅是一項娛樂或用來轉換心情的手段，也能在實用部分起到重要作用。

尤其年紀愈大的人，大笑與實用性之間的連結就愈高，所以不如定期抽出一點時間，讓自己可以什麼都不想地盡情大笑，各位覺得如何呢？

How to UNTHINK

那些沒用的、乍看之下無意義的事情，在人生中也具有重要的作用。

智商與信賴
觀察力
OPENER

THINK SIMPLY

33

信任的科學

觀察力好的人較易建立人與人的信賴關係

牛津大學　卡爾與比拉里

自我認知能力
傾聽能力

前面曾說過良好的人際關係可以帶來幸福，而人際關係本身是一種附帶「信用」與「信賴」的東西。

牛津大學的卡爾（Noah Carl）和比拉里（Francesco C. Billari）提出了這樣的研究報告。

該報告的內容指出「聰明的人更容易相信他人，而不聰明的人則有不信任他人的傾向」。

這項研究是以美國一種叫做GSS的社會概況調查為基礎來召集實驗參與者。GSS會顯示回答者的行動、社交性及經濟特徵等資訊，之後再依照其分布狀況公平挑選參與者。

接下來則是進行測試詞彙能力的智力測驗與面試，藉此評估各個參與者。

研究結果明確顯示：總分愈高的人愈容易相信別人，總分愈低的人往往愈難信任別人。

分數高的人與分數低的人相較，信賴別人的程度多出三四%。據說這個結果與經濟能力、學歷和有無伴侶等其他要素完全無關。

研究報告指出，以這樣的背景來說，智商較高的人可能因為觀察力強，察言觀色的能力較好，可以透過這項能力選出值得信賴的人，所以不需要對別人疑神疑鬼。另一方面，研究認為人之所以無法相信他人，或許是因為周圍有很多不可信賴的人，或是曾有被背叛的經驗所導致。

透過這項實驗結果也可得知，信任別人是一種高度的心智活動。以日本人的情況來說，我想能夠信任他人的人應該偏多，這也證明我們身邊親切的人很多，處於一個能夠敞開心扉的良好環境。

但是所謂的信賴關係，只有一方單方面地打開心門是無法成立的。除了自己要坦誠以待，對方也必須敞開心胸才行。

心理學上將這種擅長打開對方心扉的人稱為「敲門人（OPENER）」。只要跟這種人相處，便會令人不由得感到「跟這個人在一起可以放心」。

南加州大學的米勒（Lynn C. Miller）等人，列舉出以下幾項敲門人具有的特徵：

● 自我認知能力高，了解自己的弱點、強項及性格等特質

- **擅長從各種不同的角度看事情**
- **比起能言善道，更擅於傾聽別人說話**

這種人的特色在於能夠明白對方為什麼會產生這些感受，也能理解對方的想法。

那麼，我們該如何成為像敲門人這樣的人呢？

訣竅在於**「好好聽完對方說的話」**。

如果在對方話說到一半時就直接打斷，自顧自地說起自己的事，或是因為沒興趣中途便不再聆聽，這些做法都是不行的。

若要建立信賴關係，「想從本質上去理解對方」的態度就變得很重要。

其實人際關係惡化的最大原因之一，就是「發現對方與自己的不同之處」。這是因為自己認為「不該如此」，理想與現實之間產生落差所致。

因此，如果能更深入地了解對方的想法和行動原理，那麼看法也會隨之改變。你會意識到其實「不一樣也沒關係」。

不要為了自己與對方的想法或行動原理間的差異而感到煩惱，而是先接受它。

這之中可能存在著與人建立真正信賴關係的祕訣也不一定。

How to UNTHINK

試圖理解對方的態度，以及了解對方的行動原理，都會成為建立良好人際關係的祕方。

THINK SIMPLY

CHAPTER 6

腦、身、心之間的連結

THINK SIMPLY

34

運動與疲勞感的關係

愈是不動，人就愈容易感到疲累

人一天大多都處於不動的狀態

威斯康辛大學

人愈活動愈有活力

肌肉僵硬

血液循環不良

喬治亞大學　普特茲等人

過去，人類追捕獵物、播種務農，在外活動身體、消磨時間的情況很多。然而大多數的現代人都是過著與從前完全相反的生活。尤其我們坐在椅子上或在家躺著放空的時間，是不是有點太長了呢？

到底現代人的運動量少到什麼程度？有一項研究可以回答這個問題。

昆士蘭大學的歐文（Neville Owen）等人以二十歲到五十九歲的美國人為對象，調查他們如何度過一天。

結果發現他們在清醒的時間中，有三%的時間在運動（跑步、休閒運動、肌肉訓練等），三九%的時間用於輕量運動（如走路等），剩下的五八%時間都是無運動狀態（坐下、橫臥，或者只是站著不動）。

換句話說，一天有一半以上的時間都處於「不動的狀態」。如果再加上「睡眠時間」，那麼沒在活動的時間實在是漫長得驚人。

我們都知道如果一直維持這種靜止不動的狀態，對大腦和身心都會產生不好的影響，也會為我們帶來疲勞感。

威斯康辛大學麥迪遜分校的艾林森（Laura D. Ellingson）等人，便曾經以女性為研究對象進行調查。

他們透過這個實驗得到了一個結論，「坐著的時間愈短的人就愈有精神和活力，也不容易感到疲憊」。簡而言之，有一定活動量的人精力較為充沛，而且有不易疲勞的傾向。

其他還有喬治亞大學的普特茲（Tim Puetz）等人所做的研究。

他們召集了一群「每天都很疲勞的健康年輕人」來進行實驗。參與者大致被分成三組：

①「六週內去健身房做十八次左右的中負荷運動（跑步或輕微的肌肉訓練）組」

②「六週內去健身房做十八次左右的輕度運動（慢跑或快走的程度）組」

③「完全不運動組」

然後調查這些人事後的疲勞程度。

結果最能感覺到疲勞消失的是②「輕度運動組」，其次是①「中負荷運動組」。

而③「完全不運動組」的疲勞感完全沒有消解。

從這些結果中可以看出，**「什麼都不做，只是靜靜待著」對身心沒有任何好處**。不但肌肉僵硬、血液循環變差，最後大腦也會感到疲累。

我自己也是一樣，年輕時常常窩在研究室裡，有一段時期除了睡覺以外都坐在椅子上。我還記得當時總是覺得異常疲憊，腦袋也常常一片空白，現在回想起來，儘管那個時候我花了很多時間在工作上，但工作卻完全沒有進展。我想，應該有很多人的狀況都跟當時的我差不多吧？

「要做的事堆積如山，工作卻絲毫沒有進度！」像這樣生活愈是緊張的人，我就愈希望他們務必養成活動身體的習慣。不過也不是非得要從肌肉訓練或跑步開始，輕微的伸展運動就很足夠了。

伸展運動分為兩種，一種是類似身體前彎或開腳拉筋這種不做反向運動的「靜態伸展」，一種是像團體體操那種跳躍或透過反向運動來拉伸的「動態伸展」。

日本明治安田厚生事業團體力醫學研究所的須藤（Mizuki Sudo）等人的研究發現，只要做三十分鐘左右的靜態伸展，之後在進行需要用眼的工作時，表現將會有所提

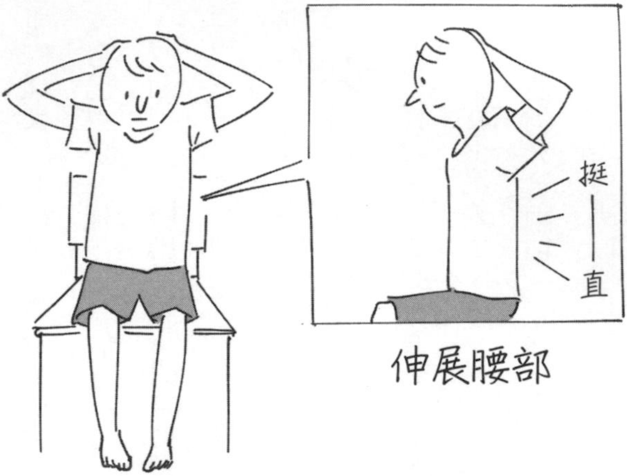

坐在椅子上也能做的靜態伸展

升，同時焦慮感也會減少，心情會變得比較樂觀積極。

舉例來說，貓咪等動物在剛起床的時候會大大地伸懶腰。據說那種動作很類似伸展運動，可以讓睡醒後感到僵硬的身體獲得舒緩。

想要消除大腦與身心的疲勞，促進血液循環很重要。從這一層意義上來看，可以解除身體緊繃的靜態伸展的確很有效。

舉例來說，持續坐著九十分鐘之後，不妨休息一下，試著稍微活動伸展身體，創造出可以讓自己的注意力轉移到身體上的時間。

順帶一提，近年也有研究顯示，運動前進行靜態伸展會降低表現能力。在運動前請盡量做「動態伸展」。

在第6章中，我們會討論有關大腦、精神與身體之間的連結，同時還會說明健康與幸福之間的關聯性。

How to UNTHINK

不活動身體會使疲勞感增加。
如果長時間處於靜態狀態，就做做靜態伸展吧。

自我效能
有規律的生活
節制

THINK SIMPLY

35

習慣與動機

「姑且先試著去健身房運動」所導致的八個劇烈變化

健康的習慣
學習意願

麥考瑞大學　歐騰與肯·陳

世界上有可以將規定的事確實做好的人，也有始終難以養成習慣的人。而且恐怕很多人都認為無法養成習慣是一件令人煩惱的事。

有一項研究對這種人而言是一大好消息。

這是來自澳洲麥考瑞大學的歐騰（Megan Oaten）與肯・陳（Ken Cheng）所做的研究。

這個實驗召集了一群運動不足的男女來進行。一開始的兩個月先要求所有人「不必特別做什麼」。簡單地說，就是生活一如往常。兩個月過後，接下來的兩個月則是要去健身房運動。

在總計四個月的時間裡，他們會觀察參與者的壓力程度、精神痛苦狀況、自我效能（認為自己做得到的感覺），以及其他日常生活習慣的變化等。出現的各種成效如下，結果非常壯觀（笑）。

1 壓力降低

2 對菸、酒、咖啡因的攝取量減少

3 變得能好好控制自己的情緒

4 開始會做家事

5 變得能遵守諾言

6 飲食生活變得很健康

7 減少不必要的浪費

8 學習習慣也有所改善

總而言之，這意味著**他們自然而然地過起了健康、有規律且節制的生活**。

這項實驗的對象是平常運動量不足的人，所以也有可能是因為環境大幅改變而形成良好的刺激，導致出現這種結果。

「運動後體重下降」，像這樣看到自己做的事有立竿見影的效果會讓人很有快感，而且也能提升動力和自我價值感，很有可能就是這些原因導致生活習慣自然修正。

對於個性上不太喜歡按部就班處理小事的人，以及實在懶得動所以總是無法展開行動的人，我很推薦這個方法。試著下定決心去健身房或許也是個好主意。因為上健身房要交會費，也能藉此強制自己前往。

認為「反正之後也不會繼續，所以不去健身房」的人也一樣，就算無法持續也沒關係，只要一開始先試著訂下兩個月的期限，就很有可能像這個實驗一樣，發現自己的生活習慣出現劇烈的變化。

只不過，要是因為突然做了太多困難的事，導致自己身體垮掉或受傷的話，之後可能反而什麼也做不了……，所以請不要勉強自己，制定運動計畫時要仔細三思。

How to UNTHINK

下定決心改變環境，有時也能藉此一口氣調整習慣。

腹側前額葉皮質
癌症疼痛消失了
阿爾弗雷德・阿德勒

THINK SIMPLY

36

意識與肉體

「病由心生」的科學根據

做不到的理由
正當化

北京大學　王逸璐等人

有句話叫做「病由心生」。研究顯示，這似乎不僅是單純的精神論，而是事實的確如此。

北京大學的王逸璐（Yilu Wang）等人的研究報告指出，當我們為他人著想而做出利他行為時，大腦的腹側前額葉皮質（Ventromedial Prefrontal Cortex）就會開始活動，讓人感覺不到疼痛與不適。

為了證實此事，他們進行過多次實驗；然而不管哪一次都是一樣的結果：採取利他行為的人感覺不到疼痛。

舉例來說，這種作用不只對肩膀痠痛或腰痛這種輕度疼痛有效，對於受傷、生病所引起的疼痛似乎也有不錯的效果，據說連癌症患者也漸漸感覺不到自己的慢性疼痛。

究竟為什麼會發生這樣的事呢？

所謂的利他行為是一種把自己放在一邊，為他人鞠躬盡瘁的做法。

以歷史人物為例，南丁格爾前往克里米亞戰場服務的時候，聽說就曾不眠不休地照顧負傷的士兵，她不惜犧牲奉獻自己的模樣，也為她換來了「克里米亞的天使」這個稱號。

當然，從更貼近我們生活的角度來看，我想一定有很多母親會在孩子生病時忘掉自己，只一心一意地照顧孩子吧。

在這種「完全不求回報，單純為他人而行動」的狀態下，人是感覺不到痛苦的。從大腦的機制來看，可能是由於一心為某人拚命的關係，導致大腦在那個瞬間意識不到不安的情緒或痛苦，才會出現這種情況。

自古以來就有「病由心生」這種說法，的確，我們的精神處於何種狀態，身體狀況和感受方式也會出現大幅的變化。

心理學也有同樣的理論，心理學大師阿爾弗雷德·阿德勒（Alfred Adler）曾說過這樣的話：

「為了躲避失敗，人有時候會讓自己生病。一面說著『要是我沒生病就做得到』的藉口，一面逃去安全地帶，讓自己輕鬆下來。」

這是廣為人知的**「認知失調論（CognitiveDdissonance Theory）」，意指人會找出理由來讓自己的行為或存在正當化**。

舉例來說，假設有一個人在工作上犯了錯。這時如果他的潛意識認為「承認錯誤會讓自己的存在被人輕視（害怕被當成一個沒用的人）」，那麼他就不會承認這個失誤，或是去責怪別人，甚至搬出做不到的理由來為自己找藉口。

連生病也可能成為人們用來為自己開脫的藉口。當藉口自己生了這樣的病，所以才會做不到，真的就有可能生起病來。不管是感覺自己沒有生病，還是真的生了病，都是受到自己的意識與平常生活所養成的人腦習慣左右。

前面提到的南丁格爾因為在戰地服務時過度勞累，後來罹患了嚴重的心臟病。據說她在四十歲左右經常臥床不起。即使如此她仍然繼續工作，將一生奉獻於醫療，直到九十歲為止。

抱持著什麼樣的意識，將會大幅影響我們的健康狀態和對自身狀況的掌握。由此可知，大腦與我們的身心狀態確實息息相關。

How to UNTHINK
超強的集中力和積極的態度擁有驅散病痛的力量。

糾葛
現實與理想
不安與願望

THINK SIMPLY

37

內心的容納度

總想著「應該如此」的人很容易生病

應該……
自動思考

巴塞隆納大學　菲薩斯等人

據說現在每五個人就有一個人患有憂鬱症或思覺失調症等精神疾病，其原因也同樣是來自於不安，或是因不安而想太多的關係。

具體上來說，到底是什麼樣的想法會對心靈造成傷害呢？

巴塞隆納大學的菲薩斯（Guillem Feixas）等人，曾經以一百六十一位憂鬱的人及一百一十位健康的人為對象，研究兩者之間的思想有何差異，並調查其中的原因。

結果顯示，兩者最明顯的差距在於內心懷抱「糾葛」的比例。簡單來說，糾葛指的就是「現實與理想的差距」。健康的人之中，有三四．五％的人心裡存在糾葛；另一方面，憂鬱的人則是六八．三％，超過兩倍以上的人心裡有著糾葛。而憂鬱且內心有著糾葛的人之中，有八六％的人曾經有過試圖自殺的經驗。

希望事情如此演變的想法，以及並未成真的現實。這項研究報告指出，這中間的差距，會對精神狀態帶來很大的影響。

當然只要是人，誰都會懷抱期望。「希望能夠這樣」、「非如此不可」，這種想法多半是在成長環境中學會的，大多數時候，我們可能不知道自己為什麼會有願望，也不曉得自己原本有什麼樣的願望。

不過，這種差距也可以成為一種指標。我的意思是，當人心中懷抱的不安愈來愈大時，願望也容易變大。

換句話說，**不安愈大，理想往往就會愈高，而與現實之間的差距也會變大**。當差距愈來愈大，我們也愈容易被負面情緒和思想所掌控。

舉例來說，在日常生活中，各位是否有對自己或他人用過「應該……」、「必須……」的句子呢？

使用「應該」這個詞時，代表內心有一個「理想的基準」，要是頻繁使用這個詞的話，就有可能需要多加留意了。

一旦不安增多，有時甚至會開始透過「自動思考」開始一廂情願的想像。譬如在與人稍微發生口角時，便認為「我跟誰都處不來」、「沒有人回我郵件，我一定是被霸凌了」等等，以這種方式放大解釋事情，透過自己的想像來看待世界。

那麼，我們該怎麼做比較好？

基本的態度是，先試著暫時接受事實，明白「事情不過如此」，然後輕鬆坦然地面對它。

當我們遇到不愉快的事情時，雖然當下很想改變這個環境或其他的人，但要改變自己以外的世界真的是非常困難的事。想改變那些改變不了的事，或是希望它能夠出現變化，去思考這些都只是白白浪費時間與精力而已。相較之下，改變自己接受事實的方式還比較簡單，也更為現實。

此外，只要不明白大腦的機制，完全不懂該如何應對的話，不安的感覺也會愈發膨脹。畢竟是不了解所產生的不安，所以會因為害怕而拒絕，或是變得具有攻擊性。

但是，我們的大腦是很優秀的。**「原來，我們的心是受到這種作用影響」，像這樣逐一理解後，便能在一定程度上客觀地看待事物。**讓掌控理性思考的大腦運作，便能抑制管控情緒的大腦。

如此一來，便能提高內心的容納度。如果可以確實掌握自身的壓力狀態，或許還能減少必要之外的思考時間。

要捨棄自己的理想或標準並不是容易的事，所以一開始要先試著接受事實「不過如此」。不曉得各位覺得從這邊著手如何呢？

這一點不管是對世界、對他人，還是對自己都是一樣。將目光放在個人之間的差距、行動原理的差異和機制上，如此便能確實減少那些內心認為「無法容許的事」。

How to UNTHINK

只要了解大腦機制，也可以增加內心對不安的容納度。

丹尼爾·康納曼
幸福的4個類別
喜悅無法持續

THINK SIMPLY

38

追求幸福

「感情是嘗盡百味」這種思維對精神健康較好

龐貝法布拉大學　奎德巴赫等人

多元的情感
諾貝爾經濟學獎

雖說正因為會感到不安，人才會去追求「幸福」、「舒適」與「自在」，不過每天只有被幸福快樂圍繞的人，真的就很幸福嗎？

西班牙龐貝法布拉大學的奎德巴赫（Jordi Quoidbach）等人，便針對三萬七千人進行了一項關於幸福與感情的調查。

在這個調查中，研究團隊會針對喜悅、敬畏、希望、感謝、愛、自尊心等九種正面情緒，以及憤怒、悲傷、恐懼、厭惡、罪惡感、不安等九種負面情緒，要求研究參與者回答他們產生這些情緒的頻率如何，然後調查他們所體驗過的情緒與目前的幸福感等情況。

結果顯示，情緒感受豐富——也就是**各種情緒都曾湧上心頭的人，不僅擁有良好的精神健康，幸福感也很高**。

換句話說，僅去體驗輕鬆、愉快的事情並非幸福。這項研究報告指出，讓自己經歷各種體驗，品嚐多元的情感，然後原原本本地接納一切，這才是終極的幸福。

披頭四的經典名曲「Let It Be」，曲名被翻譯為「順其自然」。或許它代表的正是幸福真正的意義：不是去追求你所沒有的事物，而是接受事實與感情原本的樣貌。

不過，每天都很輕鬆愉快的日子確實會讓我們逐漸感到麻痺。

儘管長假一開始過得很快樂，但如果太過懶散、整天無所事事，那麼快樂也會慢慢消失，並開始出現疲憊感。

另外，正是因為曾有過打從心底感到悲傷與後悔的經驗，碰到開心的事時才會更加感動；正是因為曾在公司有過懷才不遇的痛苦經驗，遇到理想的工作環境時才會更加感激。

曾得過諾貝爾經濟學獎的心理學家丹尼爾．康納曼（Daniel Kahneman）也指出同樣的事情。

康納曼表示，幸福分成四個類別：「滿足感」、「性格特質」、「感情」、「感動或興奮」，而單純的基準並不存在。

而且他也說，「追求喜悅雖然能得到一時的幸福，然而對於長時間維持整體的幸福感是無效的」。

換句話說，**幸福是綜合多種要素組成的，並不是採取某個「可以帶來幸福」的行動就能一帆風順**。

無論是透過金錢、興趣、人際關係還是其他任何東西，用這些來滿足自己只不過是一時的逃避。「過得比誰都好，所以很幸福」、「過得比誰都差，所以很不幸」，這種相對的幸福也不能算是幸福的本質。

至少也要以自己從人生經驗中學到的事物來當作自己獨有的衡量標準。從這層意義上來說，不要與他人比較，而是從各種角度來審視自己的內在（感情、性格、欲望、習慣等），這一點才是最重要的。

How to UNTHINK

即使追求喜悅與快樂也不會變幸福。重要的是「Let It Be（順其自然）」的態度。

THINK SIMPLY

CHAPTER 7

清空大腦，重新出發！

THINK SIMPLY 39

重振精神的有效方法

去爬樓梯比喝咖啡更有效

喬治亞大學　蘭道夫等人

終於來到最後一章。

這一章的主題是「重啟」！我將告訴各位如何讓過度運作的大腦或心靈恢復，清除身上的壓力或疲勞，再次提升自我表現的方法。由於只挑選出可在日常生活中輕鬆實行的事項，還請各位務必嘗試看看。

首先，我想介紹一項關於咖啡時間（Coffee Break）的研究。在長時間工作或讀書之後，應該會覺得好累，感覺無法集中精神對吧？

這時我們該做什麼呢？

可能大部分的人都會喝點茶或咖啡，有菸癮的人則是去抽根菸之類；有一項很有意思的研究跟這件事有關。

美國喬治亞大學的研究團隊在學術期刊《Physiology and Behavior（生理與行為）》上發表的研究報告指出，「與其喝咖啡，還不如在附近上下爬樓梯十分鐘，不但具有提神效果，還能讓人充滿活力」。

這項實驗的對象是每晚平均睡眠時間為六個半小時左右，平常就有攝取咖啡因習慣的女大學生。

研究團隊要她們假想自己是一般的粉領族，一整天都坐在辦公室的電腦前，進行必須用到語言能力和認知能力的工作。

在進行實驗的過程中，參與者被要求分別採取以下三種行為模式（間隔一天，分別在不同天進行）。

①「攝取咖啡因」

②「服用安慰劑（提供時告訴她們這是咖啡因，但其實不是；即「偽藥」）」

③「上下爬樓梯十分鐘」

這個實驗想知道的是哪一種行為模式最有效。

結果，最能提升工作效率和動力的是③「上下爬樓梯十分鐘」。

一杯咖啡大約含有五十毫克的咖啡因。經由實驗得知，運動比這些咖啡因更加有效。而且實驗結果顯示，**喝咖啡攝取咖啡因的效果，跟服用安慰劑（偽藥）的效果相差無幾**。

當然也許是因為一方只是安慰劑，所以才會完全沒效，而且也有很多醫學論文指出喝咖啡對身體有很多好處；但就工作上的即效性和效果差異來說，「物理上的稍微活動」所獲得的效益遠遠高過另外兩者。就算不爬樓梯，在休息時間到辦公區或自家附近快走散步也很不錯。

如同本書第一百一十九頁提到的，在想事情的時候，最好「邊走邊想」或「邊動邊想」，這樣可以讓大腦更加活躍，所以我很推薦這個方法。

How to UNTHINK

如果要提升工作的動力、效率，最好的方式是「稍微運動一下」。

住在都市的人
艾克斯特大學
20～30分鐘

THINK SIMPLY

40

森林浴效益

總之先往森林
走一趟

能感受自然的地方
皮質醇

密西根大學　亨特等人

似乎從很久以前就有「森林浴」這個詞了。

就像這個詞彙所代表的意思，我想大概很多人都有「不知為何，只要接近大自然就會感到舒服」的體會，不過實際上的效果又是如何呢？

有一項研究揭示了它的功效。

這是密西根大學的亨特（MaryCarol R. Hunter）等人於二〇一九年發表的研究。

亨特等人以住在都市的人為對象，請他們找時間接觸大自然，「一週至少三次，每次十分鐘以上」，並持續進行八週。然後在這段期間共採集四次唾液進行檢測，確認他們的壓力程度。

結果發現，**效果最好的方式是「每次接觸大自然二十到三十分鐘」**。定期接觸大自然的人在感到壓力時，體內產生的壓力荷爾蒙「皮質醇」的數值比平時降低了二八・一％。即使超過三十分鐘，壓力值也會繼續降低，不過下降的速度會變得比較慢。

另外在這項實驗中，每個人選擇「接觸大自然的方式」不盡相同。參與者被要求各自選擇自己認為「能感受自然的地方」，並在那裡度過一段時光。

生活在都市裡的人可能沒什麼機會看到大型公園，不過只要是能讓他們感到「大

自然的存在」，像是充滿綠意的地方等，便能獲得不錯的效果。

有一項規模更大的相關調查，是由艾克斯特大學的懷特（Mathew P. White）等人以兩萬人為對象進行的研究。

據其提出的報告指出，**「一週接觸大自然一百二十分鐘以上的人，往往身心都顯得更加健康」**。

這種傾向，在一週接觸大自然兩百到三百分鐘時達到巔峰，上限似乎是一週三到五個小時左右。

順帶一提，我在好幾年前曾因工作的關係，在夏威夷待了兩年左右；只要對文書工作感到厭倦時，我就會跑去衝浪，過著什麼也不想，乘著衝浪板迎向浪花的生活。我發現當時真的很少感覺到壓力。

我們在日常生活中，常常會不小心忘記這種讓自己喘口氣放鬆的時間，所以如果覺得自己「有點累」或「腦袋轉不過來」的時候，不妨移步前往大自然。哪怕是突發奇想也不錯，我覺得沒有目的、自然而然去接觸大自然也很不錯。

另外也有研究顯示，只要在晴朗的日子眺望藍天，便會帶來放鬆的效果，請各位不妨試試。

How to UNTHINK

偶爾不帶任何目的，走進大自然中。這麼做可以讓壓力大幅減少。

老鼠實驗
免疫反應異常
猝死

THINK SIMPLY

41

休息的效果

良好的睡眠可以清除壓力

非動眼快速睡眠
壓力荷爾蒙

波士頓大學　佛茲等人

一般常說壓力對身體不好，不過有的時候也是因為有對手或夥伴在，或是這時無論如何都必須堅持下去，所以才會一直累積壓力。

在這之中，我們唯一能控制的時間就是自己的睡眠時間。

據說和全世界相比，日本人的平均睡眠時間更短。

如果只是睡眠時間短也就算了，但睡覺前還在滑手機、看電腦，讓自己在交感神經活躍的情況下入睡的人很多，因此睡眠品質差的人也不少。

睡眠是讓身體休息、進行記憶鞏固的重要時間，因此最好讓自己擁有充足且高品質的睡眠。

關於這一點，我想介紹一下這項研究。

二〇一七年。北海道大學的村上（Masaaki Murakami）等人做了一項有關壓力對人體危害的實驗，這項實驗具有非常重要的意義。

他們利用分子能階闡釋了實驗鼠因壓力引發胃腸疾病或猝死的原理。

在進行研究的過程中，村上等人會透過弄溼墊材，或讓實驗鼠睡眠不足等方式施以慢性壓力。接著再調查「多發性硬化症」這種腦或脊髓出現硬化症狀的疾病與壓力之間的關聯性。

實驗鼠共分成三組：

①「只施加壓力的實驗鼠」

②「不施加壓力，但注射多發性硬化症免疫細胞的實驗鼠」

③「施加壓力，同時將免疫細胞注入血液裡的實驗鼠」

結果，①「只施加壓力的實驗鼠」和②「注射免疫細胞的實驗鼠」身上沒有出現特殊的變化。

但是，③「同時施加壓力與注射免疫細胞的實驗鼠」有七成都在一星期左右突然猝死。

也就是說，這項實驗證明了一件事，那就是如果血液中含有會引起發炎反應的免疫細胞，壓力就會成為導致疾病的主要原因。意思即是，**壓力過大將成為罹患重病的導火線**。

由此可以看出，充滿壓力的生活會對身心造成什麼樣的傷害。話雖如此，在現實生活中，工作或人際關係等引起的壓力有時也不是我們所能控制的。

不過，至少我們可以掌控自己的飲食和睡眠環境。特別是我們都知道睡眠對於維持大腦的健康狀態很重要。

波士頓大學的佛茲（Nina E. Fultz）等人在研究報告中指出，**人在睡眠時（尤其是非動眼快速睡眠），腦中液體的循環速度會提高到三・五倍**。循環速率快，代表大腦中不必要的物質正在快速排出。

換句話說，良好充足的睡眠可以讓體內的壓力荷爾蒙快速被清除，使身體保持良好的機能，讓我們第二天早上能神清氣爽地醒來。

因此，請不要在睡前玩手機或看電視等刺激交感神經繼續運作，不妨嘗試做做伸展運動，讓緊繃的身體獲得舒緩。

為了「好好思考」，「好好休息」也很重要。

請各位務必身體力行，創造一個可以讓自己最大限度地放鬆休息的環境。

How to UNTHINK

睡眠可以讓體內累積的壓力獲得釋放。要重視自己的居住環境和夜晚的生活習慣。

專注力
預防細菌性
心臟疾病

THINK SIMPLY

42

刷牙的效果

休息時刷個牙，可提高休息後的表現

刺激
舒爽感

千葉大學　左達等人

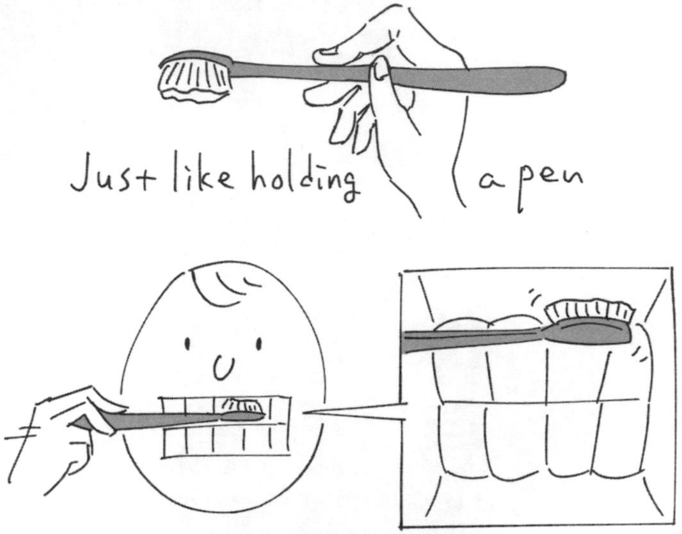

用像握筆一樣的姿勢輕輕刷

雖然前面也提過各種轉換心情的方法，不過這次要介紹的研究可能會令各位感到有些意外。

這是來自於日本千葉大學的左達（Hidetoshi Sadachi）等人的研究，報告指出「刷牙具有重振精神的效果」。

在這個實驗中，他們會請參與者先進行二十分鐘的電腦作業。

然後把實驗參與者分成①「刷牙組」和②「不刷牙組」，並調查刷牙的效果。

結果顯示，①刷牙組的大腦受到刺激而活化，並獲得「舒爽感」、「專注力」和「清晰的思路」。另一方面，

「睡意」與「倦怠感」則有所減少。換句話說，作業後刷牙有助於讓疲勞的大腦活化。

據悉是因為刷牙的手部動作，或是牙刷對口腔的刺激充分刺激了大腦。

雖然是閒聊，不過刷牙不只可以預防蛀牙和口臭，還有助於預防其他各種疾病，像是這幾年患病人數呈上升趨勢的吸入性肺炎或細菌性心臟疾病等等。

午餐後感到困倦時，刷牙可以讓人重振精神，也能夠預防疾病，因此還沒養成刷牙習慣的人不妨藉此機會了解一下。

How to UNTHINK

透過刷牙適當刺激口腔，讓大腦活化。同時也能預防疾病。

自我形象
美麗的臉
醜陋的臉

THINK SIMPLY

43

外觀與動機

用科學解釋為什麼女生出門很花時間

壓力反應
讓人徹底變身的效果

長崎大學　土居

在跟家人或伴侶一起出門的時候，或許有些男性會覺得「真搞不懂，為什麼女性出門需要準備的時間這麼久！」然後忍不住催促道：「好了，趕快出門了啦！」

不過研究發現，打扮外貌的行為對女性而言，除了外觀上的問題之外，跟內在也有很大的關係。

有一項以「女性化妝的行為」為主題的研究。

日本長崎大學的土居（Hirokazu Doi）以年輕女性為研究對象，進行了下述的實驗：分別給她們看①「自己的臉」、②「以電腦合成的美麗人工臉」、③「以電腦合成的醜陋人工臉」，並監測她們當下的腦部活動。

結果發現，在看到③「醜陋的人工臉」時，實驗參與者會出現壓力反應。簡單來說，她們的反應表現出「不喜歡這張臉！（不可能長這樣！）」。

這份研究報告指出，最讓女性感到壓力的是「看到的臉與自己想像的不同時」，換句話說，就是看到的樣子與自我形象不符的時候。

這項實驗告訴我們，女性化妝也許不是為了變美，而是源自於不希望自己看起來比想像中更醜的強烈欲望。

另外，日本同志社大學的余語（Masao Yogo）等人也曾以二十四位二十多歲的女性為對象，研究女性因化妝而產生的情緒或態度變化。這項研究觀察到有化妝的人對自身的尊重和滿意度都比較高，而且委託專家化妝更能減少這些女性的不安感，她們的聲音也會變得高亢。

不管哪項研究都得出相同的結論：**透過打扮可以讓心情或行動變得更積極**。

此外，眾所皆知服裝也有「讓人徹底變身的效果」。一穿上工作制服或套裝，就會讓人精神為之一振；穿上「帥氣」、「可愛」的衣服時，也有很強的自我激勵效果。

就像「從外形著手」這句話說的一樣，當你想要提高動力、變得善於社交、提升工作表現時，不妨試著注意自己的穿著打扮，這可能是一大關鍵。

女性將時間與金錢耗費在化妝或穿著打扮上，這點即使是從她們的心靈或行動方面來看也是非常有意義的一件事。

「為什麼要花這麼多時間？」如果有這種想法的男性也能理解這一點，願意互相陪伴，說不定也是一件好事。

此外，就算是男性，塗指甲油這個動作似乎也能獲得一定的效果。

日本京都大學的平松（Ryuen Hiramatsu）曾經請十五位男性塗上指甲油，並調查實驗參與者出現什麼樣的感情變化。結果塗上指甲油的人，他們的緊張、疲勞與情緒低落的情況都有所改善，尤其身心獲得極大的放鬆。

因外觀而產生的心靈變化，這一點很有意思對吧！

How to UNTHINK

打理好自己的外表，亦有整頓心靈的效果。

THINK SIMPLY 44

萌寵效益

看小貓小狗的照片能夠增加專注力

廣島大學　入戶野

注意力

壽司的照片

生物學上的可愛

圓圓的身體

圓圓的眼睛

我想介紹一個獨特的實驗，對於喜歡貓狗的人來說應該很值得一聽。這是由日本廣島大學的入戶野（Hiroshi Nittono）所進行的實驗，已於二〇一二年發表公開。

這項實驗是讓學生進行一些需要專注力的工作，作業期間會給他們看幾張照片。實驗的目的在於調查工作效率是否會依所見的照片種類而不同。

照片有三種：

①「小貓小狗的照片」

②「成年貓狗的照片」

③「壽司等食物的照片」

結果只有一種照片可以提升工作效率。各位覺得是哪一種呢？

正確解答是觀賞①「小貓小狗的照片」。這個小組的表現最多可勝過其他組別四四％。

分析指出，因為「可愛」的東西有吸引我們注意力的效果，進一步也讓後續的專注力得以延續。

的確，包括人類在內，所有動物的小寶寶多半都有著圓圓的眼睛和圓圓的身體。見到這種外形會讓我們感到「可愛」，而生物學上認為，對小寶寶來說，這是吸引周遭注意力，好讓他們得到照顧（受到保護）的一種生理機制。而且以外觀來說，這種樣貌也能吸引我們的注意力讓意識變得更加清澈，提高專注力或效率。

在稍微專注一會兒就感到疲累時，請看一看小貓小狗的照片。在被牠們治癒的同時，或許也能感到大腦恢復了專注力。

How to UNTHINK

「可愛」的東西不只療癒，更能幫助我們提升專注力。

促腎上腺皮質素
皮質醇
①即興②既有歌曲

THINK SIMPLY

45

來唱歌吧

「唱KTV有助緩解壓力」的科學根據

密西根大學　奇勒

愈大聲

你喜歡唱歌嗎？

可能也有些人一找到機會就問人「要不要去唱ＫＴＶ？」不過其實有研究報告指出，唱歌可以有效抑制壓力。

密西根大學的奇勒（Jason R. Keeler）曾進行一項研究，他以四個人為一組，並要求這些實驗參與者唱歌，同時檢測他們大腦中的物質含量。實驗參與者分為兩組：

①「即興創作演唱組」

②「既有歌曲演唱組」

結果顯示不管是哪一組，他們大腦裡與皮質醇分泌密切相關的「促腎上腺皮質素（Adrenocorticotropic hormone）」這種物質的含量都降低了不少。當我們感到壓力時會分泌皮質醇這種荷爾蒙，而它跟興奮反應也有關聯。

換句話說，唱歌有助於抑制壓力與興奮。

從組別來看，②「既有歌曲演唱組」的效果比①「即興組」還高。

呼吸變得順暢起來

研究更進一步發現，**愈大聲唱歌就愈能降低皮質醇產量，而且被稱為幸福荷爾蒙的「催產素」產量也會有所提升**。也就是不只能抑制壓力，幸福感也會提高。

如果是不擅長唱歌的人，即使只是大聲發出聲音也很有效。

當心裡感到煩悶，或是因為專注而使大腦疲累時，盡情地大聲唱歌應該可以讓人心情舒暢。值得慶幸的是，單人KTV文化也愈來愈盛行，請務必拋開顧慮嘗試一下。

順帶一提，當聲音出不來時，可以在裝水的杯子裡插入一根粗吸管，然後咬著吸管發出「啊——」、「嗚——」的聲音，試著讓水產生氣泡。

發聲訓練也很常使用這個方法，只要進行兩到三分鐘就能讓呼吸變順暢，可以自然地用腹部發聲。而且原本發不出的高音也能順利唱出。

此外，採用這種方法大聲唱歌，聲音也不太會傳播出去，所以請不用擔心會打擾鄰居，盡情地大聲高歌吧（笑）。在重要的會議或與人碰面前，用這種方式開嗓或許也不錯。

How to UNTHINK

放開尺度，盡情歡唱吧！

結語

在現代社會中，深思熟慮是值得尊敬的一件事。當然，我並非想對此提出異議。只是，或許也有很多人試圖想要更聰明地思考，卻讓自己的精神過度緊繃……。何不放輕鬆一點呢？這樣的想法就是我執筆撰寫本書的契機。

當我們變得過度思考、過分不安，有時便會對自己周遭的人或是環境感到忿忿不平，而變得具有攻擊性。可是就算攻擊他人，終究也只是在累積對自己的傷害。這一點就跟本書提到的內容一樣。

「真正的敵人不是別人，而是自己」……產生各種想法和感情的不是別人，正是我們自己。本來不管好與壞，人都可以選擇自己要走的路。為了不走上歧路，了解自己變得消極悲觀的原因或機制是不可或缺的。

然後藉由學會讓自己的心靈和思考平靜下來的方法，使自己得以採取對自己與他人都是「最佳行動」的舉措。

根據三一大學的華勒斯（Harry M. Wallace）等人的研究指出，「會對他人產生危害的人（加害者）」，如果他們犯下的罪行沒有得到被害者的原諒，那麼他們選擇傷害同一位被害者的機率是八六％。不過在被害者選擇寬恕加害者時，加害者就不會繼續攻擊，反而會促使他們對自己的行徑感到後悔並深切反省。

「改變自己，世界也會跟著改變」，就如同這句話所說，如果讓自己的思考和感情安定下來，周遭的反應也會隨之一變。希望我們都能以「不過度思考」為起點，為我們的人生做出更好的選擇。

最後，我想借此機會感謝所有參與本書製作的人。

謝謝編輯松本幸樹先生與SANCTUARY出版社的所有人；還有既是我昔日的學生、也是我這十年來的搭檔，作為我重要的大腦，一直支持我到現在的木場修司先生；以及總是支持我的活動，給予我期許的親朋好友。最重要的是，所有願意拿起本書、閱讀本書的各位讀者。再次由衷地致上謝意。願我們大家的未來都能幸福滿載！

NBER Working Paper, No. 22487.
Mackworth, N.H. (1948). The breakdown of vigilance during prolonged visual search. *Journal of Experimental Psychology*, 1, 6-21.
益子 行弘 , 萱場 奈津美 , 齋藤 美穂 . (2011).「表情の変化量と笑いの分類の検討」知能と情報 , 23(2), 186-197.
Mehta, R., Zhu, R. (Juliet), and Cheema, A. (2012). Is noise always bad? Exploring the effects of ambient noise on creative cognition. *Journal of Consumer Research*, 39(4), 784– 799.
Mehrabian, A. (1971). *Silent Messages* (1st ed.). Belmont, CA: Wadsworth.
Miller, L. C., Berg, J. H., and Archer, R. L. (1983). Openers: Individuals who elicit intimate self-disclosure. *Journal of Personality and Social Psychology*, 44(6), 1234–1244.
Moser, J. S., Hartwig, R., Moran, T. P., Jendrusina, A. A., and Kross, E. (2014). Neural markers of positive reappraisal and their associations with trait reappraisal and worry. *Journal of Abnormal Psychology*, 123(1), 91–105.
Moser, J. S., Dougherty, A., Mattson, W. I., Katz, B., Moran, T. P., Guevarra, D., Shablack, H., Ayduk, O., Jonides, J., Berman, M. G., and Kross. E. (2017). Third-person self-talk facilitates emotion regulation without engaging cognitive control: Converging evidence from ERP and fMRI. *Scientific Reports,* 7 (1), 4519.
村田明日香 エラー処理に関わる動機づけ的要因の検討 事象関連電位をどう使うか－若手研究者からの提言（2）. 日本心理学会第 69 回大会・ワークショップ 91 (慶応義塾大学) 2005 年 9 月 .
Mussweiler, T., Rüter, K., and Epstude, K.(2006). The why, who, and how of social comparison: A social-cognition perspective. In S. Guimond(Ed.), *Social comparison and social psychology. Understanding cognition, intergroup relations and culture*. 33-54, Cambridge: Cambridge University Press.
Nittono, H., Fukushima, M., Yano, A., and Moriya, H. (2012). The power of kawaii: Viewing cute images promotes a careful behavior and narrows attentional focus. *PLoS ONE*, 7(9), e46362.
Oaten, M., and Cheng, K. (2006). Longitudinal gains in self-regulation from regular physical exercise. *British Journal of Health Psychological Society*, 11, 717-733.
O'Doherty, J., Winston, J., Critchley, H., Perrett, D., Burt, D. M., and Dolan, R. J. (2003). Beauty in a smile: the role of medial orbitofrontal cortex in facial attractiveness. *Neuropsychologia,* 41, 147-155.
Oswald, A. J., Proto, E. and Sgroi, D. (2015). Happiness and productivity. *Journal of Labor Economics*., 33 (4). 789-822.
Owen, N., Sparling, P., Healy, G., Dunstan, D., and Matthews, C. (2010). Sedentary Behavior: Emerging Evidence for a New Health Risk. M*ayo Clinic Proceedings*, 85(12), 1138-1141.
Pennebaker, J. W. (1989). Confession, inhibition, and disease. In L. Berkowitz (Ed.), *Advances in Experimental Social Psychology*, 211-244. New York: Academic Press.
Quoidbach, J., Gruber, J., Mikolajczak, M., Kogan, A., Kotsou, I., and Norton, M. I. (2014). Emodiversity and the emotional ecosystem. *Journal of Experimental Psychology: General*, 143 (6), 2057-2066.
Radvansky, G. A., Krawietz,S. A., and Tamplin, A. K. (2011). Walking Through Doorways Causes Forgetting: Further Explorations. *Quarterly Journal of Experimental Psychology,* 64, 1632–45.
Raichle, M. E., MacLeod, A. M., Snyder, A. Z., Powers, W. J., Gusnard, D. A., and Shulman, G. L. (2001). A default mode of brain function. *Proceedings of the National Academy of Sciences of the United States of America,* 16, 98(2), 676-82.
Ramirez, G., and Beilock, S. L. (2011). Writing about Testing Worries Boosts Exam Performance in the Classroom. *Science*, 331, 211-213.
Randolph, D. D. and O'Connor, P. J. (2017). Stair walking is more energizing than low dose caffeine in sleep deprived young women. *Physiology and Behavior*, 174, 128-135.
Richards, B. A. and Frankland, P. W. (2014). The Persistence and Transience of Memory. *Neuron*, 94(6):1071-1084.
左達秀敏、村上義徳、外村学、矢田幸博、下山一郎（2010）.「歯磨き行為の積極的 . 休息への応用について」産業衛生学会誌 , 52 (2), 67-73.
Schuck, N. W. and Niv, Y. (2019). Sequential replay of non-spatial task states in the human hippocampus. *Science*, 364(6447).
Sedikides, C. and Strube, M. J. (1997). Self-evaluation: to thine own self be good, to thine own self be sure, to thine own self be true, and to thine own self be better. In Zanna, M. P. (ed.), *Advances in Experimental Social Psychology*, 209–269, San Diego: Academic Press.
須藤みず紀、安藤創一、永松俊哉（2015）.「一過性のストレッチ運動が認知機能，脳の酸素化動態，および感情に及ぼす影響」体力研究 , 113, 19-26.
Skorka-Brown, J., Andrade, J., and May, J. (2014). Playing 'Tetris' reduces the strength, frequency and vividness of naturally occurring cravings. *Appetite,* 76, 161-165.
Szabó, M. and Lovibond, P. F. (2006). Worry episodes and perceived problem solving: A diary-based approach, *Anxiety, Stress and Coping*, 19(2), 175-187.
Talami, F., Vaudano, A. E., and Meletti, S. (2019). Motor and Limbic System Contribution to Emotional Laughter across the Lifespan. *Cerebral Cortex*, 30(5), 3381-3391.
Tromholt, M. (2016). The Facebook experiment: Quitting Facebook leads to higher levels of well-being. *Cyberpsychology, Behavior, and Social Networking*, 19, 661–666.
Vaegter, H. B., Thinggaard, P., Madsen, C. H., Hasenbring, M., and Thorlund, J. B. (2020). Power of Words: Influence of Preexercise Information on Hypoalgesia after Exercise-Randomized Controlled Trial. *Medicine and Science in Sports and Exercise*. https://doi.org/10.1249/MSS.0000000000002396.
Vaillant, G. E. (2012). *Triumphs of experience: The men of the Harvard Grant Study.* Belknap Press of Harvard University Press.
Wang, Y., Ge, J., Zhang, H., Wang, H. and Xie, X. (2020). Altruistic behaviors relieve physical pain. *Proceedings of the National Academy of Sciences*, 117, 950-958.
余語真夫・浜治世・津田兼六・鈴木ゆかり・互恵子 (1990).「女性の精神的健康に与える化粧の効用」健康心理学研究 , 3, 28-32.
Ziegler, D. A., Simon, A. J., Gallen, C. L., Skinner, S., Janowich, J. R., Volponi, J. J., Rolle, C.E., Mishra, J., Kornfield, J., Anguera, J.A., Gazzaley, A. (2019).
Closed-loop digital meditation improves sustained attention in young adults. *Nature Human Behaviour*, 3(7), 746–757.

参考文獻

Analytis, P. P., Barkoczi, D., and Herzog, S. M. (2018). Social learning strategies for matters of taste. Nature. *Human Behavior*, 2, 415–424.

Andersen, S. M., Spielman, L. A., and Bargh, J. A. (1992). Future-Event Schemas and Certainty About the Future: Automaticity in Depressives' Future-Event Predictions. *Journal of Personality and Social Psychology,* 63(5), 711-723.

Anderson, M. C., Bjork, R. A., and Bjork, E. L. (1994). Remembering can cause forgetting: Retrieval dynamics in long-term memory. *Journal of Experimental Psychology: Learning, Memory, and Cognition*, 20, 1063–1087.

Andrade, J. (2009). What does doodling do? *Applied Cognitive Psychology*, 23 (3), 1-7.

Berk, L. S., Felten, D. L., Tan, S. A., Bittman, B. B., Westengard, J. (2001). Modulation of neuroimmune parameters during the eustress of humor-associated mirthful laughter. *Alternative Therapies In Health And Medicine,* (2), 62-72–74-66.

Borkovec, T. D., Hazlett-Stevens, H., and Diaz, M. L. (1999). The role of positive beliefs about worry in generalized anxiety disorder and its treatment. *Clinical Psychology and Psychotherapy*, 6(2), 126–138.

Blechert, I., Sheppes, G., Di Tella, C., Williams, H., and Gross, I. I. (2012). See what you think: Reappraisal modulates behavioral and neural responses to social stimuli. *Psychological Science*, 23(4), 346-353.

Brick, N. E., McElhinney, M., J., and Metcalfe, R. S. (2018). The effects of facial expression and relaxation cues on movement economy, physiological, and perceptual responses during running. *Psychology of Sport and Exercise*, 34, 20–28.

Bushman, B. J., Bonacci, A. M., Pedersen, W. C., Vasquez, E. A., and Miller, N. (2005). Chewing on it can chew you up: Effects of rumination on triggered displaced aggression. *Journal of Personality and Social Psychology*, 88, 969– 983.

Carl, N. and Billari, F. C. (2014) Generalized Trust and Intelligence in the United States. *PLoS ONE*, 9(3), e91786.

Cepeda, N. J., Vul, E., Rohrer, D., Wixted, J. T., and Pashler, H. (2008). Spacing effects in learning: A temporal ridgeline of optimal retention. *Psychological Science*, 19(11), 1095-1102.

Dijksterhuis, A., Bos, M. W., Van Der Leij, A. and Van Baaren, R. B. (2009). Predicting Soccer Matches After Unconscious and Conscious Thought as a Function of Expertise. *Psychological Science*, 20, 1381–1387.

土居 裕和 (2012).「化粧がもつ自尊心昂揚効果に関する発達脳科学的研究」*Cosmetology : Annual Report of Cosmetology*, 20, 159-162.

Dunning, D., Johnson, K., Ehrlinger, J., and Kruger, J. (2003). *Self-insight: Roadblocks and Detours on the Path to Knowing Thyself.* New York: Psychology Press.

Dunning, D., Johnson, K., Ehrlinger, J., and Kruger, J. (2003). Why People Fail to Recognize Their Own Incompetence. *Current Directions in Psychological Science*, 12(3), 83-87.

Dutton, K. A., and Brown, J. D. (1997). Global self-esteem and specific self-views as determinants of people's reactions to success and failure. *Journal of Personality and Social Psychology*, 73(1), 139-148.

Ebbinghaus, H. (1885). *Memory: A contribution to experimental psychology.* New York: Dover

Ellingson, L. D., Kuffel, A. E., Vack, N. J., and Cook, D. B.,(2014). Active and sedentary behaviors influence feelings of energy and fatigue in women. *Medicine and Science in Sports and Exercise*, 46(1), 192–200.

Feixas, G., Montesano, A., Compan, V., Salla, M., Dada, G., Pucurull, O., Trujillo, A., Paz, C., Munoz, D., Gasol, M., Saul, L.A., Lana, F., Bros, I., Ribeiro, E., Winter, D., Carrera-Fernandez, M.J. and Guardia, J.(2014) Cognitive conflicts in major depression: between desired change and personal coherence. *British Journal of Clinical Psychology*, 53, 369–385.

Fermin, A. S. R., Sakagami, M., Kiyonari, T., Li, Y., Matsumoto, Y., and Yamagishi, T. (2016). Representation of economic preferences in the structure and function of the amygdala and prefrontal cortex. *Scientific Reports*, 6, 20982.

Festinger, L. (1954). A theory of social comparison processes. Human Relations, 7, 117–140

Finkel E. J., DeWall, C. N., Slotter, E. B., Oaten, M., and Foshee, V.A. (2009). Self-Regulatory Failure and Intimate Partner Violence Perpetration. *Journal of Personality and Social Psychology*, 97(3), 483-99.

Fultz, N. E., Bonmassar, G., Setsompop, K., Stickgold, R. A., Rosen, B. R., Polimeni, J. R., and Lewis, L. D. (2019). Coupled electrophysiological, hemodynamic, and cerebrospinal fluid oscillations in human sleep. *Science*, 366: 628-631.

Gilovich, T. and Medvec, V. H. (1994). The temporal pattern to the experience of regret. *Journal of Personality and Social Psychology*, 67 (3), 357–365.

平松隆円 (2011).「男性による化粧行動としてのマニキュア塗抹がもたらす感情状態の変化に関する研究」仏教大学教育学部学会紀要 , 10, 175-181.

Ito, T. A., Larsen, J. T., Smith, N. K., and Cacioppo, J. T. (1998). Negative information weighs more heavily on the brain: the negativity bias in evaluative categorizations. *Journal of Personality and Social Psychology,* 75(4), 887-900.

Hariri, A.R., Tessitore, A., Mattay, V. S., Fera, F. and Weinberger, D.R. (2002). The amygdala response to emotional stimuli: a comparison of faces and scenes. *Neuroimage*, 17, 317–323.

Hatfield, E., Cacioppo, J., and Rapson, R. (1992). Primitive emotional contagion. In. M. S. Clark (Ed.), *Review of Personality and Social Psychology*, 151-177, Newbury Park, CA: Sage.

Hunter, M. R., Gillespie, B. W., and Chen, S. Y. (2019). Urban Nature Experiences Reduce Stress in the Context of Daily Life Based on Salivary Biomarkers. *Frontiers in Psychology*, 10. doi:10.3389/fpsyg.2019.00722.

Kahneman, D. (2000). Evaluation by moments: past and future. In D. Kahneman and A. Tversky (Eds.), *Choices, Values and Frames,* 693-708, Cambridge: Cambridge University Press.

Keeler, J. R., Roth, E. A., Neuser, B. L., Spitsbergen, J. M., Waters, D. J. and Vianney, J. M. (2015). The neurochemistry. and social flow of singing: bonding and oxytocin. *Frontiers in Human Neuroscience*, 9, 518.

Killingsworth, M. A. and Gilbert, D. T. (2010). A wandering mind is an unhappy mind. *Science*, 330, 932.

Kimura, T., Yamashita, S., Fukuda, T., Park, J. M., Murayama, M., Mizoroki, T., Yoshiike, Y., Sahara, N., and Takashima, A. (2007).

Hyperphosphorylated tau in parahippocampal cortex impairs place learning in aged mice expressing wild-type human tau. *EMBO Journal*, 26(24), 5143-5152.

Kraft, T. L. and Pressman, S. D. (2012). Grin and bear it: the influence of manipulated facial expression on the stress response. *Psychological Science,* 23 (11), 1372-8.

Levitt, S. D. (2016). Heads or Tails: The Impact of a Coin Toss on Major Life Decisions and Subsequent Happiness.

堀田秀吾（Hotta Syugo）

明治大學教授。語言學博士。生於日本熊本縣。芝加哥大學博士課程修畢、約克大學奧斯古德大廳法學院（Osgoode Hall Law School, York University）碩士課程修畢。以語言及溝通交流為主題，融合語言學、法學、社會心理學、腦科學等各式各樣的領域展開研究。將「學習與娛樂的結合」當作畢生志業，活用自身在研究活動中獲得的知識，執筆撰寫多本大眾書籍和商業書。同時也在雜誌、網路媒體上負責許多連載專欄。曾擔任電視節目「WIDE! SCRAMBLE」的節目評論員，亦曾參與過「世界上最想上的課」等節目，正於各方面展開活動。主要著作為《用科學找回活力的方法》（暫譯，文響社），共同著作為《無法和特定人物往來是因為你的冷漠》（暫譯，CrossMedia Publishing）。

這世界愈複雜，你愈要簡單思考

告別內心小劇場，讓思緒變清晰的45個方法

2021年2月1日初版第一刷發行

著　　者　堀田秀吾
譯　　者　劉宸瑀、高詹燦
副 主 編　陳正芳
特約美編　鄭佳容
發 行 人　南部裕
發 行 所　台灣東販股份有限公司
　　　　　＜地址＞台北市南京東路4段130號2F-1
　　　　　＜電話＞（02）2577-8878
　　　　　＜傳真＞（02）2577-8896
　　　　　＜網址＞http://www.tohan.com.tw
郵撥帳號　1405049-4
法律顧問　蕭雄淋律師
總 經 銷　聯合發行股份有限公司
　　　　　＜電話＞（02）2917-8022

國家圖書館出版品預行編目資料

這世界愈複雜，你愈要簡單思考：告別內心小劇場，讓思緒變清晰的45個方法 / 堀田秀吾著；劉宸瑀，高詹燦譯. -- 初版. -- 臺北市：臺灣東販股份有限公司, 2021.02
240面；14.7×21公分
譯自：最先端研究で導きだされた「考えすぎない」人の考え方
ISBN 978-986-511-583-8（平裝）

1.思考 2.成功法 3.生活指導

176.4　　109021219

堀田秀吾

Hotta Syugo

明治大學教授。語言學博士。生於日本熊本縣。芝加哥大學博士課程修畢、約克大學奧斯古德大廳法學院（Osgoode Hall Law School, York University）碩士課程修畢。以語言及溝通交流爲主題，融合語言學、法學、社會心理學、腦科學等各式各樣的領域展開研究。將「學習與娛樂的結合」當作畢生志業，活用自身在研究活動中獲得的知識，執筆撰寫多本大衆書籍和商業書。同時也在雜誌、網路媒體上負責許多連載專欄。曾擔任電視節目「WIDE! SCRAMBLE」的節目評論員，亦曾參與過「世界上最想上的課」等節目，正於各方面展開活動。主要著作爲《用科學找回活力的方法》（暫譯，乂響社），共同著作爲《無法和特定人物往來是因爲你的冷漠》（暫譯，CrossMedia Publishing）。

這世界愈複雜，
你愈要簡單思考
THINK SIMPLY

戒掉「過度思考」的壞習慣
變成更好的自己

利用科學實證方法，提高思維能力與行動力！

- **你所擔心的事有9成不會發生**（賓州大學）
  → 人所擔心的事有79%不會成真，而16%的突發事件只要做好準備就能應對
- **坐下慢慢思考的「思維能力」，遠不如放空時的「思維能力」**（華盛頓大學）
  → 當我們什麼也沒想的時候，大腦的運作會比有意識地用腦時來得活躍
- **「只要有夠多資訊就能做出好決定」並不完全正確**（拉德堡德大學）
  → 一旦資訊太多就會逐漸在意起那些小細節，反而做不出最佳決定
- **比起將一切事物熟記於心，「概略記憶」更能迅速下判斷**（多倫多大學）
  → 當人忘記細節，只概略記憶時，決策速度會比把所有事物詳細記住來得快
- **在周圍嘈雜的環境下，工作效率更高**（伊利諾大學）
  → 有點嘈雜的環境對大腦更好，研究指出這種環境對思考抽象事物很有幫助

ISBN: 978-986-511-583-8
00340
9789865115838
東販出版　定價340元